Petra Wurzel
Rojbaş. Schlüssel und Wörterverzeichnis

Petra Wurzel

Rojbaş

Einführung in die kurdische Sprache

Schlüssel und Wörterverzeichnis

WIESBADEN 1997
DR. LUDWIG REICHERT VERLAG

Die Deutsche Bibliothek - CIP-Einheitsaufnahme

Wurzel, Petra:
Rojbaş : Einführung in die kurdische Sprache / Petra Wurzel. -
Wiesbaden : Reichert
Schlüssel und Wörterverzeichnis. - 1997
ISBN 3-88226-995-2

Inhaltsverzeichnis

Schlüssel zu den Übungen

Glossare

Lektion 1

I. Hans mêr e. Gisela ne mêr e. Gisela jın e. Gisela mamoste ye. Gisela û Delal heval ın. Hans û Ferhad ji heval ın. Amed bajar e. Kaniyaspi gund e. Ez elman ım. Tu kurd i. Ez bist sali me. Tu bist û çar sali yi. Ferhad çend sali ye? Ew bist û du sali ye. Gisela çend sali ye? Ew si sali ye. Em xwendevan ın. Hûn mamoste ne.

II. Delal jın e. Gisela ji jın e. Delal û Gisela heval ın. Herdu ji mamoste ne. Herdu ji si sali ne. Ferhad ne mamoste ye, ew xwendevan e. Hans ne xwendevan e, ew karker e. Ferhad bist û du sali ye. Hans si û çar sali ye. Amed çı ye? Amed bajar e. Kaniyaspi çı ye? Kaniyaspi gund e. Hamburg bajar e. Oberstdorf gund e.

III. 1. Erê/belê, Hans si û çar sali ye. 2. Na, Ferhad ne si sali ye, ew bist û du sali ye. 3. Erê/belê, Gisela mamoste ye. 4. Na, Delal û Gisela herdu ne bist sali ne, ew si sali ne. 5. Ferhad û Hans elman ın? Na, Ferhad kurd e, Hans elman e. 6. Na, Delal ne karker e, ew mamoste ye. 7. Gisela û Hans kurd ın? Na, herdu ji elman ın. 8. Hêvi û Evin jı Amedê ne? Erê/belê, herdu ji jı Amedê ne. 9. Na, Amed ne gund e, Amed bajar e. 10. Na, Miran ne jı Berlinê ye, ew jı Kaniyaspi ye. 11. Na, Kaniyaspi ne bajar e, ew gund e. 12. Erê/belê, Kaniyaspi çıl mal e.

IV. 1. Na, Tacin ne keçık e. 2. Na, mal ne mezın e. 3. Na, ez ne karker ım. 4. Na, Gisela ne jı Amedê ye. 5. Na, Delal ne mêr e. 6. Na, em ne cıwan ın. 7. Na, Hans ne kurd e. 8. Belê, Barbara elman e. 9. Na, ez ne çıl sali me. 10. Na, em ne tırk ın.

V. 1. Mêr karker ın. 2. Jın mamoste ne. 3. Ew xwendevan ın. 4. Em kurd ın. 5. Bajar mezın ın. 6. Hûn cıwan ın. 7. Gund pıçûk ın. 8. Em bırçi ne. 9. Xwendevan ti ne. 10. Karker tırk ın.

VI. Ralf elman e. Ew si û heşt sali ye. Ew mamoste ye. Monika elman e. Ew bist û çar sali ye. Ew xwendevan e. Tacin kurd e. Ew si sali ye. Ew karker e. Evin kurd e. Ew si û yek sali ye. Ew mamoste ye. Düsseldorf çı ye? Düsseldorf bajar e. Düsseldorf mezın e. Kirchhofen çı ye? Kirchhofen gund e. Kirchhofen pıçûk e, şest mal e. Tu ki yi? Ez Helga me. Tu çend sali yi? Ez bist û heşt sali me. Ev ki ye? Ev Miran e. Ev ki ye? Ev Delal e. Ew çend sali ne? Miran hıjdeh, Delal ji si sali ye. Hûn ki ne? Em Bêrivan û Evin ın. Hûn xwendevan ın? Na, em ne xwendevan ın, em mamoste ne.

2

Lektion 2

I. ihre Mutter - ihr (Pl.) Vater - seine Brüder - der kleine Junge - Hans' Haus - unsere Schwestern - die kurdischen Mädchen - eure (Ehe-)Männer - das fünfjährige Kind - das geräumige Haus - meine Frau - die großen Städte - dein Land/deine Heimat

II. Navê mın - Welatê mın - Mala mın - Navê jına mın - Navê wê - Welatê wê - Mala wê - Navê mêrê wê - Du zarokên wê - Navê kurê wê - Navê keça wê - Mala wan - Du zarokên wan - Navên zarokên wan ...

III. keçıka pıçûk - bırayê mın - mala kevın - welatê me - kurıkên kurd - keça we - diya wi - mêrıkê tırk - bajarên mezın - xwişkên te - kurên wê/wan

IV. bajarê mezın... Kırıya erzan... Jına zewıci... Mêrê kal... Keçıka pıçûk... Kurıkê deh sali... Jına pir... Mala hêwi... Gundên pıçûk... Xwişkên elman... Bırayên cıwan... Mêrên kal...

V. Mala mın heye. Kurê wi heye. Xwişka wan heye. Gundê me heye. Keça te heye. Bavê wê heye. Diya we heye. Zarokên mın hene. Sê kurên we hene. Du keçên me hene. Du navên te hene. Jına wi tune ye. Mêrê wê tune ye. Malên me tune ne.

VI. Na, zarokê wi tune ye. Na, kurên te tune ne. Na, welatê wi tune ye. Na, diya me tune ye. Belê, bavê wan heye. Na, malên mêrê mın tune ne. Belê, jına Hıso heye. Na, keçên me tune ne.

VIII. I. Navê wi Johannes Meyer e. Keça wi heye. Navê keça wi Sylvia ye. Ew Baran e. Mala wi lı Schillerstrassê ye. Mala wi pıçûk û kırıya wê bıha ye. Navê keça mın Evin e. Bırayê wê heye. Navê bırayê wê Rızgar e. Mala xwişka te lı Hildesheimê ye. Ew zewıci ye. Mêrê wê muhendıs e. Ez ne zewıci me, lê hevala mın heye. Mala me lı Weststrassê ye. Zarokên me tune ne.

Lektion 3

I. *(Andere Formulierungen möglich!)*
1. Delal şev û roj lı malê dımine, ew lı derva naxebıte. 2. Ferhad ne muhendıs e, ew karker e. Ew ne lı Siemensê dıxebıte, ew lı Mercedesê dıxebıte, taxsiyan çêdıke. 3. Ali ne elman e, ew tırk e. Ew naxebıte, ew bêkar e. Tenê dı dawiya heftiyê hıneki kar

dıke, goşt û hêkan dıfroşe. 4. Roşen ne mamoste ye, ew xwendevan e û dı mekteba bılınd de dıxwine. 5. Rızgar ne nanpêj e, ew ji xwendevan e. Ew nan dıxwe, lê napêje. 6. Hans mimar e, Hesen muhendıs e û Celal karker e. Ew hersê dı avahiyan de dıxebıtın. Ew xaniyan ava dıkın. 7. Karin, Rızgar û Ayşe dı avahiyan de naxebıtın, ew xwendevan ın. Gisela ji mamoste ye, ew ders dıde. 8. Paul ne elman e, ew ingıliz e, Lucia italyan e, Björn swêdi ye, Jacque frensız e û Eleni yunani ye.

II. ez alikari dıkım - em hêkan dıfroşın - ew xwarınê çêdıke - tu malê paqıj dıki - hûn nan dıpêjın - ez naxebıtım - ew kar dıbinın - dıya mın namine - tu lê dıgeri - em Sozialhilfe dıstinın.

III. Na, ez nan napêjım. Na, bavê keçıkê taxsiyan nafroşe. Na, kûrık lı dıbıstanê naxwine. Na, ew lı Frankfurtê naxebıte. Na, Evin lı mal namine. Na, Tacin malê paqıj nake. Na, em xwarına we çênakın. Na, zarokên wan hêkan naxwın. Na, Gisela Sozialhilfe nastine. Na, Gulê pere qezenc nake.

IV. Heidi mala wi paqıj dıke. Em nanê wi dıpêjın. Kurê wi lı dıbıstanê dıxwine. Gabi xwarına wi napêje. Mala wi gelek mezın e. Ez taxsiya wi dıfroşım. Keça wi lı bazarê alikari dıke. Hêvi zarokên wi nabine. Tacin lı mala wi namine. Amed bajarê wi ye. Welatê wi Kurdıstan e. Em gundê wi dıbinın.

V. Tu mêrık(i) nabini. Zarok diyê nabine. Ew mın nabine. Em Bêrivan(ê) nabinın. Keçık me nabinın. Ew lawık(i) dıbinın. Ew karkeran nabine. Zarok te nabinın. Xwendevan me nabinın. Keçık mamoste(yi)/mamostê nabine.

VI. Bırayê xwendevanê... Keça Rustem... Kurê karker... Zarokê jın(ık)ê... Bavê lawık(i)... Diya Mızgin(ê)... Xwişka mêrık(i)... Kurê Delal(ê)...

VII. Ez te dıbinım. Bavê mın hêkan dıfroşe. Karker taxsiyan çêdıke. Zarok me nabinın. Tu mala me nabini? Tu malê nabini? Em taxsiyan dıfroşın. Em taxsiya mezın dıfroşın. Bavê mın xaniyan çêdıke.

VII. Ez lı Dortmundê dıminım. Ez lı vır dıxebıtım. Ez dı fabriqê de taxsiyan çêdıkım. Du zarokên mın hene. Ew dı mektebê de dıxwinın. Ew nıha deh û heşt sali ne. Monika dı dawiya heftiyê de dıxebıte. Ew dı bazarê de alikari dıke. Ew goşt û hêkan dıfroşe. Lê ew dı malê de ji pır kar dıke. Ew xwarınê çêdıke û malê paqıj dıke. Paul nanpêj e. Ew nan dıpêje. Jına wi dı dıkanê de nan dıfroşe. Lezgin karker e. Ew dı avahiyê de dıxebıte. Ew malên nû ava dıke.

Lektion 4

I. 1. Navê jınıka kurd Bêrivan e. 2. Çar zarokên wê hene. 3. Du keçık û du kruık ın. 4. Navên keçıkan Hêvi û Hêlin ın, yên kûrıkan Rustem û Tacin ın. 5. Zarok hıjdeh, panzdeh, sêzdeh û heşt sali ne. 6. Sê zarokên wê dıxwinın, yek dıxebıte.

II. 1. Hesen xwediyê dıkanê baş nas dıke, jı ber ku ew hergav dı dıkana wi de hewcedariyên rojani dıkıre. 2. Navê xwediyê dıkanê İbo ye. 3. Keça wi nexweş e. 4. Lawıkên Hesen maşelah wek şêr ın. 5. Yên İbo ne dıxwinın, ne ji dıxebıtın. 6. Yê pehn dıxwaze. 7. Niv berxeki dıkıre. 8. Pêşnihata/teklifa İbo goştê mırişkan û goştê berxan e. 9. Weki dın Hesen Çay û penir, mast û sıcûq dıkıre. 10. Hemû bı nod û heşt Markan e.

III. Kijan kurê te dıxebıte? - Yê mezın...
Kijan karkerê te nexweş e? - Yê Kurd....
Kijan mala te xweş e? - Ya nû...
Kijan taxsiya te nû ye? - Ya sor...
Kijan mamosteyê/mamosteya te baş e? - Yê/ya cıwan...
Kijan xwendevanë/xwendevana te kurd ye? - Yê/ya jir...
Kijan keça te zewıci ye? - Ya mezın...
Kijan xwişka te lı Bochumê dımine? - Ya bist sali...

IV. *(Andere Formulierungen möglich!)*
Ya me nû ye. Yê mın ne zewıci ye. Ya me tune ye. Yê elmanan gılover e. Yê me nızm e. Yê me mezın e. Yê me sar e. Ya me heye. Ya te zırav e. Ya mın erzan e.

V. Navê te çı ye? Mala te lı ku ye? Tu lı ku dıxebıtı? Tu jı ku têyi? Tu nıha çı dıki? Tu çıma (xwarınê) dıxwi? Tu kıngê têyi?

Lektion 5

II. Taxsiyeke mın heye. Keçeke wi heye. Şaleki mın heye. Mêreki wê heye. Maleke wan heye. Dıkaneke te heye. Çakêteki wi heye. Xaniyeki we heye.

III. Xaniyeki me yê nû heye. Kureki te yê pıçûk heye. Jıneke wi ya nexweş heye. Çakêteki mın ê reş heye. Fistaneke wê ya xweşık heye. Maleke wan a kevin û şıl heye. Keçeke we ya zewıci heye. Fanêreyê te yê kesk heye. Taxsiyeke me ya sıpi heye. Dıkaneke mın a mezın heye.

IV. jınıkekê - zarokeki - xwişkekê - mêrıkeki - şaleki - fistanekê - naneki - taxsiyekê - malekê - hêkekê.

V. hın hêkan (hêkına) - hın taxsiyan (taxsina) - hın keçıkan (keçıkına) - hın şalan (şalına) - hın fistanan (fistanına) - hın xaniyan (xanina) - hın mêrıkan (mêrıkına) - hın fanêreyan (fanêrena) - hın jınıkan (jınıkına) - hın zarokan (zarokına).

VI. Mala te heye? Erê, du malên mın hene. Yek mezın e, ya dın pıçûk e. Mala mın a mezın lı Brêmenê ye, ya pıçûk lı Essenê ye.
Şalê te heye? Erê, du şalên mın hene. Yek reş e, yê dın spi ye. Şalê mın ê reş zıvıstani ye, yê spi havini ye.
Zarokê te heye? Erê, du zarokên mın hene. Yek mezın e, ya/yê dın pıçûk e. Zarokê mın ê mezın kurık e, ya pıçûk keçık e.
Welatê te heye? Erê, du welatên mın hene. Yek kevın e, yê dın nû ye. Welatê mın ê kevın Kurdıstan e, yê nû Elmanya ye.
Derpiyê te heye? Erê, du derpiyên mın hene. Yek dırêj e, yê dın kın e. Derpiyê mın ê dirêj spi ye, yê kın bı kulilk e.
Taxsiya te heye? Erê, du taxsiyên mın hene. Yek şin e, ya dın sor e. Taxsiya mın a şin nû ye, ya sor kevın e.
Jına te heye? Erê, du jınên mın hene. Yek cıwan e, ya dın pir e. Jına mın a cıwan lı vır e, ya pir lı Kurdıstanê ye.

VII. xêni - xaniyê kevın - xaniyê te yê kevın - xaniyeki - xaniyeki kevın - xaniyeki te yê kevın
şal(i) - şalê sor - şalê te yê sor - şaleki - şaleki sor - şaleki te yê sor
fistanê - fistana bı kulilk - fistana te ya bı kulilk - fistanekê - fistaneke bı kulilk - fistaneke te ya bı kulilk
goreyan - goreyên reş - goreyên te yên reş - hın goreyan - hın goreyên reş - hın goreyên te yên reş

VIII. Mêrık dıxebıte. Mêrıkek dıxebıte. Keçık dıxwine. Keçıkek dıxwine.
Ez jınıkekê dıbinım. Ez jınıkeke cıwan dıbinım. Xwişka mın jınıkeke cıwan e.
Ew kurıkeki nas dıke. Em dıkanekê dıbinın. Tu taxsiyekê dıfroşi. Maleke mın a kevın heye. Ez maleke nû dıkırım.
Tu şaleki dırêj dıxwazi? Na, ez yeki kın dıxwazım. Ew solên sor dıxwaze? Na, ew hın reş dıxwaze.

Lektion 6

I. 1. Keçık şanzdeh sali ye. 2. Ew naçe mektebê, jı ber ku dê û bavê wê dıfıkırın ku xwendın jı keçıkan re ne lazım e. 3. Ew hergav lı mal dımine. 4. Dê û keçık roja pêncşem´ê dıçın bajêr. 5. Ew pêşi dıçın bazarê. 6. Jı ber ku ew bı elmani fêm nake. 7. Ew dıwanzdeh hêkan û du kilo goştê mırişkan dıkırın. 8. Ez nızanım. 9. Lı cıhê fêki du kilo sêv, kiloyek isot, kiloyek balcanê reş û kiloyek balcanê sor dıkırın. 10. Kurıkeki kurd lı dıkana cılan dıxebıte. 11. Na, dıya keçıkê nızane ku keçık jı kurık hez dıke. 12. Dê û keçık lı dıkana cılan şaleki reş û fistaneke sor dıkırın.

II. Bavê mın lı kar dıgere. Elo lı mın dıgere. Em lı maleke nû dıgerın. Hûn lı gundê Hesen dıgerın. Tu lı hêkên teze dıgeri.

Diya mın jı mın re dıbêje. Dıkançi jı bavê mın re dıbêje. Tu jı Hêlin(ê) re dıbêji. Ew jı me re dıbêje. Mamoste jı xwişka mın re dıbêje.

Ez pere dıdım wi. Hûn pere dıdın bavê wan. Hıso pere dıde mın. Dıya mın pere dıde dıkançi. Monika pere dıde te.

Ew jı mın dıpırse. Michael jı me dıpırse. Tu jı bavê Mızgin dıpırsi. Keça Ehmo jı te dıpırse. Karker jı bırayê wê dıpırse.

Keçık dıçe sûkê. Jın dıçe Elmanya. Em dıçın cem/ba we. Martin dıçe cem/ba te. Tu dıçi gund. Elo dıçe bajêr.

III. 1. Ez jê napırsım. 2. Ez jê hez nakım. 3. Ez bê şanabım. 4. Ez lê naxwinım. 5. Ez lê nagerım. 6. Ez jê re nabêjım. 7. Ez pê re naçım. 8. Ez pê naçım.

IV. Es ist kein Geld darin. Ich sage zu ihm/ihr. Er kommt mit ihm/ihr. Es ist Milch darin. Es ist kein Wasser darin. Wir bekommen Brot von ihm/ihr. Wir sind sehr froh darüber. Wir gehen daran vorbei. Du fragst ihn/sie. Der Junge kauft ihm/ihr. Die Frau kauft von ihm/ihr. Ich fahre damit.

V. Ez bı te re dıçım bazarê. Em dı bazarê de fêki dıkırın. Lı dıkana cılan kurıkeki kurd dıxebıte. Ew jı mın hez dıke, ez ji jê (jı wi) hez dıkım. Tu jı mın dıpırsi: "Tu jı mın re fistaneke nû dıkıri?" Em lı fistaneke xweşık dıgerın. Ez jı te re fistana nû dıkırın. Tu jı mın re dıbêji: "Zor spas!"

Lektion 7

I. 1. Hıso jı pênc mehan vırda lı Elmanya dımine. 2. Hıso xwendevan e. 3. Na, bıraki wi ji lı vır e. 4. Şeş zarokên bırê wi hene û mala wi tenê çar ode ye. 5. Hıso lı Heimê dımine. 6. Na, tenê odeke wi heye. 7. Lı oda Hıso nıvinek, masek, dolabek, kursik, lampek, hın refik û ocaxek hene. 8. Mase lı nivê odê ye. 9. Lampe lı jor e. 10. Ocax lı ser dolabeke pıçûk, lı quncıkê ye. 11. Nıvin lı aliyê rastê, lı cem dıwêr e. 12. Kursi lı pışt masê ye. 13. Dolab lı aliyê çepê e. 14. Refik bı dıwêr ve kıri ne.

II. 1. Das Buch ist auf dem Tisch. Das Buch ist auf dem Regal. Das Buch ist unter dem Stuhl. Das Buch ist in der Tasche.
2. Der Stuhl ist neben/an der Wand. Der Stuhl ist hinter dem Tisch. Der Stuhl ist links/ auf der linken Seite. Der Stuhl ist rechts/ auf der rechten Seite.
3. Der Herd ist auf einem kleinen Schrank. Der Herd ist neben dem Fenster. Der Herd ist unter der Lampe. Der Herd ist vor der Wand.
4. Der Schrank ist hinter dem Bett. Der Schrank ist auf dem Boden. Der Schrank ist neben der Tür.
5. Die Regal hängen an der Wand. Die Regale sind oben. Die Regale sind links/ auf der linken Seite. Die Regale sind voller Bücher.

III. Bırê mın - odeke pıçûk - gorên kesk - kilok balcanê sor - taxsike nû - masa xwarınê - fanêreki zer - bıraki mın - kursike pıçûk - xaniki xweş - lampa elektrikê - oda mezın

Lektion 8

I. 1. Mızgin jı Kurdıstanê tê. 2. Mızgin bı dê û bavê xwe re lı Elmanya dıji. 3. Jı ber ku dê û bavê wê herdu dıxebıtın. 4. Mızgin dı saet şeş û nivan de radıbe. 5. Pışti rabûnê, Mızgin xwe dışo, kıncên xwe lı xwe dıke û xwişk û bırê xwe şiyar dıke. 6. Zarok dı saet heştan de jı xêni derdıkevın, dıçın mektebên xwe. 7. Dersên wan dı saet yekê de dıqedın. 8. Gava zarok tên mal, ew bı hev re xwarına nivro dıxwın. 9. Pışti xwarınê dersên xwe amade dıkın û şûnda lı derva dılızın. 10. Dê û bavê wan êvarê tên mal. 11. Êvarê hemû bı hevra şivê dıxwın bı hev re rûdının û lı telefizyonê temaşe dıkın.

II. saet heft e - dı saet heftan de; saet neh û pênc e - dı saet neh û pêncan de; saet yek kêm çarêk e - dı saet yek kêm çarêkekê de; saet deh û niv e - dı saet deh û nivan de; saet şeş kêm deh e - dı saet şeş kêm dehan de.

IV. mın - xwe - te - mın - xwe - xwe - me - xwe - xwe - mın - mın - wê/xwe - te - te - xwe - xwe

V. Ez kurê te dıbinım. Ew şalê xwe û çakêtê mın lı xwe dıke. Ew çakêtê xwe dıde mın û jı mın re dıbêje: "Çakêtê mın lı xwe bıke!"
Hêlin jı xwe re fistanekê, jı keça xwe re ji şaleki dıkıre. Gava ew tê mal(ê), ew fistana nû lı xwe dıke û jı keça xwe re dıbêje: "Ez nıha şalê te yê nû lı te dıkım".
Em dı saet heftan de radıbın û xwe dışon. Ez xwe dışom, tu ji xwe dışoyi. Paşê (dûra, şûnda) tu taştiya me amade dıki: tu jı xwe re çay û jı mın re qehwe çêdıki.

V. Ez bı hevalê xwe re lı Duisburgê dıminım. Ez dıxebıtım, hevalê mın ji lı mekteba bılınd dıxwine. Her sıbê em dı saet heftan de radıbın, xwe dışon, ez çay çêdıkım, hevalê mın ji Brötchen dıkıre. Em bı hevra taştê dıxwın, pıştra hevalê mın bı taxsiya xwe dıçe mektebê, ez ji bı S-Bahnê dıçım ser karê xwe. Ez dı saet çaran de vedıgerım mala xwe, icar/vêca kıncên me dışom yan mala me paqıj dıkım. Gava hevalê mın dı saet şeşan de tê, em şiva xwe dıxwın. Pıştra em hındık rûdının û dı saet deh û nivan de radızın.

Lektion 9

I. 1. Dıvê Azad here Kurdıstanê. 2. Ew dıxwaze diya xwe ya nexweş bıbine. 3.Jı ber ku ew nıkare mesrefên xestexanê bıde. 4. Erê, du bıra û xwişekeke Azad hene. 5. Bırayê wi yê mezın bêkar e. 6. Na, bırayê wi hin dıxwine, ew dıxwaze bıbe abûkat. 7. Zarokên xwişka wi hin tune ne, lê ew dıxwaze bıbe dê. 8. Belê, perê wê heye, lê gerek ew perê xwe kom bıke da ku kıncên zarokan bıkıre.

II. Tabelle

Präsens	Konjunktlv	Imperativ (Slngular)
ew dıxwinın	ew bıxwinın	bıxwine!
(ew) dıbinın	(ew) bıbinın	bıbine!
ew dıçın	ew bıçın	bıçe!
ew hez dıkın	ew hez bıkın	hez bıke!
ew dıxwın	ew bıxwın	bıxwe!
(ew) dıbe	(ew) bıbe	bıbe!
ew dıçın	ew bıçın	bıçe!
(ew) xeber dıdın	(ew) xeber bıdın	xeber bıde!
(ew) dıkıre	(ew) bıkıre	bıkıre!
(ew) dıkare	(ew) bıkare	bıkare!

(ew) lê dıxın	(ew) lêxın	lêxe!
(ew) vedıke	(ew) veke	veke!
hûn tên	hûn werın	were!
(ew) dıkevın	(ew) bıkevın	bıkeve!
ew rûnanın	ew rûnenın	rûnene!
(ew) dıxwazın	(ew) bıxwazın	bıxwaze!
(ew) alikari dıkın	(ew) alikari bıkın	alikari bıke!
tu dıbêji	tu bıbêji	bıbêje!
ez datinım	ez deynım	deyne!
ez bawer dıkım	ez bawer bıkım	bawer bıke!
tu dışoyi	tu bışoyi	bışo!
(ew) dıkele	(ew) bıkele	bıkele!
ez çêdıkım	ez çêkım	çêke!
ez dıbrêjım	ez bıbrêjım	bıbrêje!
ez dıkelinım	ez bıkelinım	bıkeline!
tu (dı)zani	tu bızani	bızane!
ez bı kar tinım	ez bı kar binım	bı kar bine!
tu dıdi	tu bıdi	bıde!
(ew) dadıgre	(ew) dagre	dagre!
tu derdıxi	tu derxi	derxr!
tu tini	tu bini	bine!
tu dınêri	tu bınêri	bınêre!
tu dısekıni	tu bısekıni	bısekıne!
hûn rûdının	hûn rûnın	rûne!
(ew) çêdıbın	ew çêbın	çêbe!
em dest pê dıkın	em dest pê bıkın	dest pê (bı)ke!

IV. Sinem û ez xwişkên hev ın, lê belê em jı hev(du) hez nakın. Em hevdu jı heftiyê tenê carek dıbinın.

Şêrin û Mızgin hevalên hev ın. Ew jı hev(du) pır hez dıkın. Ew hergav alikariya hev dıkın. Ew hevdu jı heftiyê çar-pênc caran dıbinın. Tu hevala xwe jı heftiyê çend caran dıbini?

Em xwişk û bırayên hev ın. Em bı hevra dıjin. Em her sıbê hevdu şiyar dıkın, paşê em xwe dışon û kıncên xwe lı xwe dıkın.

Em xwe dı neynıkê de dıbinın. Ew hevdu dı dawiya heftiyê de dıbinın. Em xwe dışon: ez xwe dışom, tu ji xwe dışoyi. Em hev(du) dışon: ez te dışom, tu ji mın dışoyi.

V. çay dagrım - şekirdankê bıbine - ... taştê bıxwın - deyne melkebê - qutiya hungıv veke - derxe - rûne - alikariya Baran bıkın.

VI. dıvê/ gerek ... bıkırım; dıvê/ gerek ... bışo; dıvê/ gerek ... bıçın; dıvê/ gerek ... razê ; dıvê/ gerek ... bıçe; dıvê/ gerek ... bıkırın; dıvê/ gerek ... çêbe;
dıxwazım ... herım/ bıçım; naxwaze ... bıxebıte; dıxwazın ... bıxwın; dıxwazi ... bêyi; dıxwazın ... bılizın; dıxwazın ... bên; naxwazın ... çêkın;
dıkarım ... bıxwinım; dıkarın ... bışon; dıkari ... bıdi; nıkarın ... bên; dıkare ... here/ bıçe; nıkarın ... bıdın; nıkare ... bıbine;
bıla ... bışo; bıla ... bıxwine; ka em herın; bıla ... bıde; ka ez lê bınêrım; ka tu ji were! (Imp.); ka bıxwın (Imp.); bıla ... bışo.

VII. naxwaze ... bıfroşe; nıkare ... bıkıre; ne gerek e/ne lazım e em rabın ... ; ne lazım e ... bışini; naxwazım ... bıxwinım; naxwaze ... bıdım´ê; dıvê ... nerım / ne lazım e ez ... herım *(je nach Bedeutung!)*; nıkarın ... bıfroşın.

VIII. Ich darf (es) niemandem sagen (2 x). Ich brauch es niemandem zu sagen. Er möchte nicht, daß ich es jemandem sage. Er möchte, daß ich es niemandem sage. Ich möchte, daß du nicht zu den Freund(inn)en gehst. Ich möchte nicht, daß du zu den Freund(inn)en gehst. Du brauchst nicht zu den Freund(inn)en zu gehen. Du darfst nicht zu den Freund(inn)en gehen (2 x).

IX. Keça mın a pıçûk nexweş e. Ew iro nıkare here Kindergartenê. Ez iro nıkarım herım bajêr. Dıvê ez lı mal bıminım û lê bınêrım. Ew dıxwaze ku ez jê re taştiyê çêkım. Ez dıbêjım: "Dıvê/ gerek tu iro hêkan nexwi / Tu iro nıkari hêkan bıxwi. Dıvê tu nan û fêki bıxwi û çay vexwi." Ew dıbêje: "Ez dıkarım her tışti bıxwım!" Dıvê ez jê re çirokekê bıxwinım. Pıştra/dûra/şûnda ew dıxwaze razê . Ez jê dıpırsım: "Ez dıkarım herım mıtfaxê?" Ew dıbêje: "Tu dıkari heri!"

Lektion 10

I. 1. Na, ew dıxwaze dê û bavê xwe berde. 2. Ew´ê lı xaniki jı xwe re bıgere. 3. Hevalên ku ew bı wan re dıçe mektebê. 4. Ew´ê wê bıde yeki ku Xezal naxwaze. 5. Xezal lı Gymnasiumê dıxwine, lê ew dıxwaze universitê ji hin bıqedine.
1. Rustem wê kurê xwe jı Kurdıstanê bine. 2. Dersên kurê wi yê ku lı Elmanya dıxwine, baş ın, yên kurê wi yê ku lı welêt dıxwine, ne baş ın. 3. Mamoste dıbêje ku gerek ew wê xeberê sed cari bınıvısine. 4. Zarok pê dıkenın.

III. Ez´ê bı hevalê xwe re lı Duisburgê bıminım. Ez´ê bıxebıtım, hevalê mın ji wê lı mekteba bılınd bıxwine. Her sıbê em´ê dı saet heftan de rabın, xwe bışon, ez´ê çay çêkım, hevalê mın ji wê Brötchen bıkıre. Emê bı hevra taştê bıxwın, pıştra hevalê mın wê bı taxsiya xwe bıçe/here mektebê, ez´ê ji bı S-Bahnê bıçım/herım ser karê xwe. Ez´ê dı saet çaran de vegerım mala xwe, icar/vêca ez´ê kıncên me bışom an mala me paqıj bıkım. Gava hevalê mın dı saet şeşan de wê bê, em´ê şiva xwe bıxwın. Pıştra em´ê hındık rûnın û dı saet deh û nivan de em´ê razên.

V. 1. Mêrikê ku lı Siemensê dıxebıte, nexweş e.

2. Keçıka ku dıçe Gymnasiumê, keça mın e.

3. Navê kurikê ku dı nav nıvinan de radızê, Memo ye/ kurikê ku dı nav nıvinan de radızê, navê wi Memo ye.

4. Ewê ku tu lı ber mektebê dıbini, mamostê me ye.

5. Keça mın a ku ez hin dıxwazım (wê) bışinım mektebê, dıxwaze bızewıce.

6. Jına Elo ya ku tu (wê) jı kar nas dıki, nıha dıçe tatilê.

7. Diya kurikê ku her dıgri, lı Tırkiyê dıji/ kurikê ku her dıgri, diya wi lı Tırkiyê dıji.

8. Jınıka ku jı baranê hez nake, dıxwaze bı zarokên xwe re vegere Kurdıstanê.

9. Mamostê, ku dersê dıde mın, iro nexweş e.

10. Mamostê ku ez dersa elmani dıdım wi (dıdım´ê), iro nexweş e.

11. Jınıka cıwan a ku ez pê re dıpeyvım, naxebıte. Keça mın a nû zewıci ya ku ez dıçım mala wê, nexweş e.

12. Ez dıçım mala keça xwe ya nû zewıci, ya ku nexweş e.

13. Dıbe ku hevala mın a ku lı Göttingen´ê dımine ji bê.

14. Keçıka ku daweta wê lı Batman´ê çêdıbe, dotmama mın e.

15. Apê mın ê ku lı Ford´ê dıxebıte, maleke wi lı Enqerê heye/ maleke apê mın ê ku lı Ford´ê dıxebıte, lı Enqerê heye.

III. Ew/ev - wan/van - van, wan - ew/ev - wê/vê - wi/vi - wan/van, wan/van - ev, wan - ew/ev, wê/vê.

Lektion 11

I. 1. Ez´ê mezın bıbım. 2. Ez´ê mezın bım. 3. Ew´ê mamoste be. 4. Ew´ê bıbe mamoste. 5. Tu´ê nexweş bıbi. 6. Tu´ê bı tenê bi. 7. Em´ê milyoner bın. 8. Em´ê bıbın milyoner. 9. Pêşeng wê kal bıbe. 10. Pêşeng wê kal be. 11. Fatê wê bıbe dê. 12. Elo wê bav be.

III. Em dıxwazın bıbın muhendıs. Ku em bıbın muhendıs, em´ê makinan çêkın.
Tu dıxwazi bıbi mimar. Ku tu bıbi mimar, tu´ê xaniyan çêki.
Hans dıxwaze bıbe taxtor. Ku ew bıbe taxtor, ew´ê alikariya mırovan bıke.
Andrea dıxwaze bıbe dê. Ku ew bıbe dê, ew´ê zarokê/-n xwe (zarokan) mezın bıke.
Delal naxwaze bıbe dê. Ku ew nebe dê, ew´ê bıxebıte.
Hıso dıxwaze bıbe pilot. Ku ew bıbe pilot, ew´ê teyaran bajo.
Ez dıxwazım bıbım milyoner. Ku ez bıbım milyoner, ez´ê nema bıxebtım.
Hûn dıxwazın bıbın nanpêj. Ku hûn bıbın nanpêj, hûn´ê jı mırovan re nan bıpêjın.
Mızgin dıxwaze bıbe xwendevan. Ku ew bıbe xwendevan, ew´ê bı hevalan re xaniki
kırê bıke.
Zarok dıxwazın mezın bıbın. Ku ew mezın bıbın, ew´ê cihanê bıguherinın.

IV. Bırê mın jı mın du sal(an) mestır e. Ew lı malê zarokê heri mezın e. Ez jı bırê xwe
du sal(an) pıçûktır ım. Her sê xwişkên mın jı mın pıçûktır ın. Navên wan Evin, Hêvi
û Mızgin ın. Mızgin ya heri pıçûk e. Hêvi jı Evin(ê) pıçûktır e, lê Evin jı Hêvi(yê)
kıntır e. Herçend ji bırê mın jı mın mestır e, ez bı qasi wi dırêj ım.

Lektion 12

I. 1. Hêlin reviya, jı ber ku welatê wê jê re teng bû. 2. Na, Hêlin bı zarokên xwe re
reviya. 3. Mêrê wê çu Stembolê, jı ber ku ew endamê partiyê bû û eskerên romi ketın
gundê wan. 4. Hêlin lı gund nema, jı ber ku cenderme lı mêrê wê geriyan û ew jı tırsiya.
5. Hêlin beri çû mala xaltiya xwe. 6. Hêlin û zarokên xwe bı teyarê hatın Elmanya.

II. Ez çûm bajêr - ez ... netırsiyam - ez ... xebıtim - ez ... nemam - ... ez reviyam - ...
ez hatım - ... ez çûm û razam - ez ... rabûm - ez beziyam û ... sıwar bûm.

III. Derketım - çûm - bû - bû - çû - rûnıştın - vegeriya - ketın - geriyan - çûn - bû -
hebû - tırsiyan - vegeriyan.

III. Ez razam - tu rûnışti - ew nema - em hatın - hûn venegeriyan - ew raneketın - zarok
runenıştın - mêrık nexebıtın - em çûn - daweta me çêbû - ew erebi hin bû - ez jı
cenderman netırsiyam.

IV. Duh hevalê mın hat cem mın. Em bı hevra çûn sinema(yê).
Keçıka kurd a pıçûk çû bajêr. Ew jı xwe re lı fistaneke xweş(-ık) geriya.
Ez pıçûk bûm. Ez mezın bûme.

Gava ez nexweş bûm, ez lı mal mam û razam.

Beri deh salan bırê mın mamoste bû, nıha bû taxtor.

Ez iro nexebıtim. Ez iro dı nav bajêr de geriyam.

Rustem jı cenderman netırsiya, lê belê jı taxtor tırsiya.

Gisela vegeriya mal(ê). Pışti pênç deqiqeyan mêrê wê ji hat.

Ez hatım cem te jı ber ku telefizyona mın xırab bû.

Gava cenderme ketın gundê me, welatê me jı me re teng bû û em reviyan, hatın Elmanya.

Lektion 13

II. Ez dı bazarê de xebıtim - mın dı bazarê de kar kır - bavê wi pere da mın - taxtor destê mın ê bırindar gırêda - wi/wê deriyê dıkanê vekır - Sinem goşt û nan kırin - me dest bı xwarınê kır - mın jı te hez kır - wi/wê jı mın re got - diya mın hêk kırin - me jı te pırsi - ew lê geriya - te bavê xwe dit - bavê mın sê Mark dan mın - taxtor tu ameliyat kıri - te em bırın bajêr - mın jı wan re kınc kırin - wi/wê çar sêv xwarın - hûn iro nehatın mala me - me mala xwe fırot.

III. Ez çûm bajêr. Mın jı xwe re du fistanên nû kırin. Mın lı ber dıkana cılan hevalên xwe ditın. Hevalê mın Holger jı mın re got: "Ew nıha mehek bû ku mın tu nediti." Mın jı Holger re got: "Ez ne lı vır bûm. Ez çûm Kurdıstanê. Bavê mın ez şandım cem dapira mın. Lê ez disa vegeriyam û dapira mın ji bı mın re hat."

Mın kıtêbeke baş da hevala xwe. Wê jı mın pırsi: "Ma te ji ev kıtêb xwend?" Mın got: "Belê, û mın jê gelek hez kır."

Karker dı fabriqê de xebıti. Wi makina xwe şuxıland û pê perçên taxsiyan çêkırın. Perçên ku amade bûne, wi dan hostê xwe.

IV. Te ez ditım. Bavê mın ew dit. Me tu diti. Wê hûn ditın. Mın ew dit(ın).

Me tu bıri. Mın hûn bırın. Wê em bırın. Wi ez bırım.

Mın tu rakıri. Te ew rakır. Wan zarok rakır. We kurıkê pıçûk rakır.

Taxtor tu ameliyat kıri. Hemşirê ew ani odê. Wê çar kıtêb xwendın. Wan sê sêv xwarın.

Mın jı te re got. Em pê re peyvin/ me pê re xeber da.

Mın tu şandi bajêr. Mın jı te re pakêtek şand. Wi jı mın pırsi. Em lı we geriyan.

Bavê wê pere dayê. Bavê wê ew da. Wi ez xwestım . Mın tu xwesti.

Lektion 14

I. 1. Rewşa gund û gundiyan ne baş bû, ew reben û belengaz û feqir bûn. 2. Rewşa axê baş bû, ew dewlemend bû. 3. Jı ber ku axê motor û patoz anin gund. 4. Mêrık bû pêşmerge, gava parti û rêxıstınên siyasi derketın. 5. Cenderme payizê ketın gundê wan. 6. Cenderman gundi lı meydana gund cıvandın, lı mêran xıst û hekaret lı jınên wan kırın. 7. Cenderme lı çek û tıvıngên wan, lı kasêt û kitêbên kurdi geriyan. 8. Wan lı qereqolê işkence lı wan kırın. 9. Wan çekên xwe gırtın û çûn ser çıyê. 10. Erê, cenderme çar pênc caran lı wan geriyan. 11. Wan got: "Bırevın, herın derveyi welêt!" 12. Ew bı sê hevalên xwe re çû Stembolê. 13. Ew bı teyarê hatın Frankfurtê. 14. Polisan ifada wan gırt. 15. Ew nıha lı Heimeke kevın û pis dıminın û lı hêviya mahkema xwe ne.

III. 1. Şıvan pez (pêz) lı zozanan dıçêrine.

2. Heval dız jı destê polisan dıfelıtinın.

3. Zarok kûçık lı derva dıgerine.

4. Postaçi/namebır namê dıgıhine destê te.

5. Bıharê, tava germ, berfê dıheline.

6. Ew lıngê xwe her dılebıtine.

7. Çewış cendermeyan lı ser çıyan dımeşine.

8. Mamoste dersa kurdi dı saet heft û nivan de dıqedine.

9. Berf û baran me dıqefilinın.

10. Diya mın bavê mın dıqehırine.

11. Diya cıwan zarok radızine.

12. Bırayê mın keça ciranên me dırevine.

13. Zarok avê jı ser masê dırıjine erdê.

14. Xortê kurd taxsiyê lı ber sinema dısekınine.

15. Eskerên romi mala me dışewıtinın.

16. Cenderme me dıtırsinın.

17. Payizê, ba pelan jı daran dıweşine.

18. Hoste karker(i) dı fabriqê de dıxebıtine.

19. Ava çem çerxa êş dızıvırine.

IV. Hespê mın beziya. Mın hespê xwe bezand.

1. Pez lı zozanan çêra. Şıvên pez lı zozanan çêrand.

2. Dız jı destê polisan felıti. Hevalan dız jı destê polisan felıtand.

3. Kûçık lı derva geriya. Zarok kûçık lı derva gerand.

4. Name gıha destê te. Postaçi/namebır name gıhand destê te.

5. Bıharê, berf heliya. Bıharê, tava germ berf heland.
6. Lıngê wi her lebıti. Wi lıngê xwe her lebıtand.
7. Cenderme lı ser çıyan meşin/ meşiyan. Çewış cenderme lı ser çıyan meşandın.
8. Dersa kurdi dı saet heft û nivan de qediya. Mamoste dersa kurdi dı saet heft û nivan de qedand.
9. Em qefilin. Berf û baranê em qefilandın.
10. Bavê mın qehıri. Diya mın bavê mın qehırand.
11. Zarok raza. Diya cıwan zarok razand.
12. Keça ciranên me reviya. Bırayê mın keça ciranên me revand.
13. Av jı ser masê rıji/ rıjiya erdê. Zarok av jı ser masê rıjand erdê.
14. Taxsi lı ber sinema sekıni. Xortê kurd taxsi lı ber sinema sekınand.
15. Mala me şewıti. Eskerên romi mala me şewıtand.
16. Em tırsiyan. Cendermeyan em tırsandın.
17. Payizê, pel jı daran weşin/ weşiyan. Payizê, ba (bê) pel jı daran weşandın.
18. Karker dı fabriqê de xebıti. Hoste karker dı fabriqê de xebıtand.
19. Çerxa êş zıvıri. Ava çem çerxa êş zıvırand.

V. 1. Pez lı zozanan dıçêre. Şıvan pez (pêz) lı zozanan dıçêrine. Axa pez (pêz) bı şıvên lı zozanan dıde çêrandın. Pez jı aliyê şıvên de hat çêrandın.
2. Ez dıqehırım. Tu mın dıqehırini. Tu mın bı pırsên xwe dıqehırini. Ez bı pırsên te hatım qehırandın. Te ez bı pırsên xwe qehırandım.
3. Keça ciranên me dıreve. Ez keça ciranên me dırevinım. Ez keça ciranên me bı bırayê xwe dıdım revandın. Keça ciranên me jı aliyê bırayê mın de hat revandın.
4. Taxsiya mın dısekıne. Ez taxsiya xwe dısekınınım. Ez taxsiya xwe bı te dıdım sekınandın. Taxsiya mın jı aliyê te de hat sekınandın.
5. Zarok radızê . Dê zarok radızine. Dê zarok bı bav dıde razandın. Zarok jı aliyê bav de hat razandın.
6. Gundi (cotkar) dıxebıte. Axa gundi dıxebıtine. Axa bı kurê xwe gundi dıde xebıtandın. Gundi jı aliyê kurê axê de hat xebıtandın.
7. Ders dıqede. Ez dersê dıqedinım. Ders jı aliyê mın de hat qedandın.

Lektion 15

I. 1. Xalê İbo bist salan lı Emanyê mabû. 2. Mala wi mezın û erzan bû. 3. Wohnung-samtê jê re ew xani dıtıbû. 4. Ew lı Stadtwerkê dışuxıli. 5. Ew tamırçi bû û wi boriyên av û gazê yên şıkesti tamir dıkırın. 6. Arbeitserlaubnisê wê tunebû. 7. Erê, wê dıxwest ku ew bışuxıle, lê qanûna elman nedıhişt.

VI. Gava ez pıçûk bûm, ez bı dê, xwişk û bırayên xwe re lı gundeki xweş, lı Kurdıstanê dıjiyam. Bavê mın çûbû Elmanya. Wi her meh pere û carna ji pakêtên bı kınc û listıkan jı me re dışandın. Rojekê namek hat. Tê de nıvisandıbû ku dıvê em ji bên. Diya mın geleki lı ber xwe ket, lê me disa ji tıştên xwe kom kırın û em bı teyarê hatın Elmanya. Mızgin geleki zû rabûbû, rahıştıbû çentê xwe û jı xêni derketıbû. Gava ew bı dılxweşi bı rê dıbeziya, jı niskê ve kûçıkeki mezın û (i) reş jı baxçekê derket û lı hember wê sekıni. Mızgin tırsiya û jı tırsê lerızi. Wê dıxwest ew bıreve, icar kûçık lıngê wê gez kır.

Lektion 16

III. 2 b: Wi jı xwer re xwarın çêkıriye û vaye dıxwe.

3 b: Mızginê jı xwe re av germ kıriye û vaye xwe dışo.

4 b: Mın çayê wi dagırtiye û vaye ew vedıxwe.

5 b: Uli kıtêba xwe vekıriye û vaye dıxwine.

6 b: Robin taxsiya xwe şuxılandiye û vaye pê dıçe malê.

7 b: Mın deri jı mêvan re vekıriye û vaye ew dıkeve hundır.

8 b: Nêcirvan xwe amade kıriye û vaye dıçe nêçirê.

IV. 1. Dıkan vekıri ye. 2. Deri gırti ye. 3. Mêrık gırti ye. 4. Cıxare vêxısti ye. 5. Mêrıkê rispi rûnışti ye. 6. Zarokê pıçûk razaye. 7. Delal jınıkeke xwendi û zana ye. 8. Mêrıkê kal nexweş ketiye, dıke bımre.

Lektion 17

II. Ku bavê wi destûr bıdaya, ew´ê jı gund derketa, bıçûya Elmanya. Ku ew bıçûya Elmanya, ew´ê lı wır bıxebitiya, bıbûya hosta. Ku ew bıbûya hosta, gelek perê wi wê/dê hebûya, wi wê/dê her meh hezar Mark jı wan re bışanda. Ku wi her meh hezar Mark bışanda, bavê wi wê/dê bı wi pereyi jı xwe re xaniki mestır çêkıra, û jiyana jına wi wê/dê xweştır bûya. Ku gelek perê wi hebûya, wi wê/dê makineke cılan û pır tıştên dın diyari jına xwe bıkırana; jına wi wê/dê bıkariya zarok bışandana mektebê. Ku jına wi zarok bışandana mektebê, kurê wi wê/dê bıbûya taxtor û keça wi wê/dê bıbûya mamoste. Ku kurê wi bıbûya taxtor, wi wê/dê bıkariya alikariya mırovên kurd ên belengaz bıkıra. Kû keça wi bıbûya mamoste, wê wê/dê bıkariya zarokên kurd ên reben hini xwendın û nıvisandınê bıkıra.

III. Ku sed Markê mın hebûya, ez´ê bıçûma bajêr, mın´ê lı wır jı xwe re kıncên nû
bıkırıyana. Bı perê ku dımine, ez´ê bıçûma restoraneke xweş û mın´ê xwarın bıxwara.
Ku taxsiya hevalê Reşo hebûya, ew´ê pê jı Kurdıstanê bıhata. Ew´ê sê mehan lı cem
Reşo bımaya, herdu heval wê pır bıgeriyana, wan´ê gund û bajarên Elmanya bıditana.
Ku mın bı elmani baş bızaniya, ez´ê bıçûma zaningehê. Mınê pênc salan bıxwenda,
ez´ê bıbûma taxtor, vegeriyama Kurdıstanê û mın´ê alikariya gelê xwe bıkıra.
Ku mekteb û mamoste lı Kurdıstanê pır bûna, zarokên me wê hemû bıçûna mektebê.
Ku dewletê ji bıhişta ku em bı zımanê xwe bıxwinın, hemû zarok wê kıtêbên kurdi
bıxwendana, hini helbest û çirokên me bûna.

Lektion 18

III. 1. Ûsa xuya dıke, weki ku baran wê bıbare. 2. Ez dıfikırım ku çêtır dıbe, ku em bı
rê (bı)kevın beri ku baran (wê) bıbare. 3. Ku bı ya mın bûya, em´ê jı zû ve bıçûna
malê. 4. Bê guman yê heri baş ew e, ku em taxsiyekê bıgrın. 5. Ez hêvi dıkım (ez
hêvidar ım) ku em şıl nebın. 6. Ma te jı bir kıriye kû mêrıkê lı telefizyonê got ku iro
baran wê bıbare? 7. Na, haya mın jê tunebû. 8. Ez pê nehesiyabûm. 9. Û ku ez
bıhesiyama ji... Mın bawer nedıkır ku pışti van rojên germ baran wê bıbare.

Lektion 19

I. 1. Hêlin jınıkeke kurd bı pasaporta elman e. 2. Hêlin lı Elmanya xwendiye û nıha ji
mamoste ye. 3. Lı dıbıstana wê, jı sedi çıl zarok bıyani ne. 4. Heşt sınıfên dıbıstanê
hene, dı her sınıfê de jı 25-30 zarok hene. 5. Jı sısêyan yeki jı zarokên jı Tırkiyê kurd
ın. 6. 18 jı zarokên kurd bı kurdi nızanın. 7. Jı ber ku ew lı Elmanya wek "tırkan" tên
hesıbandın û xwe bı xwe ji êdi wek tırkan dıhesıbinın. 8. Hêlinê sınıfa xwe bı sûretên
rengin xemılandiye. 9. Pênc zarokên ku bı kurmanci dızanın, du zarokên ku bı zazaki
dızanın û sê-çar zarokên dın tên dersa zımanê kurdi. 10. Sê-çar zarok bı zaraveki kurdi
nızanın. 11. Ew hin bûne, kıtêbên kurdi yên ku lı Swedê hatıne çap kırın, bıxwinın.
12. Ew nêziki 300 xeberi hin bûne.

III. 1. Ku hevalê mın hatıba, mın´ê jê re xwarıneke xweş çêkırıba.
2. Gerek tu beri fıkırıba (fıkırıbûya)!
3. Ku mın 11 avêtıbana, ez´ê çûbama Elmanya.
4. Xwezi ez dı dıbıstana xwe de serketıbama.
5. Ku ew neçûba eskeriyê, ew´ê nehatıba kuştın.
6. Dıvê ew berê jı bavê xwe destûr standıba.

7. Ku mın taxsiya xwe nefrotıba mın'ê ew nıha daba (dabûya) te.

8. Ku perê wi nebûya wi dê jı xwe re mal nekıriba.

IV. 1. Ez mamosteya du sınıfan ım. 2. Yek sınıfeke yekê/pêşi, ya dın ji yeke sısêyan e. 3. Jı sedi 60 zarok kurık ın. 4. Jı pênc zarokan dıdu bıyani ne. 5. Jı zarokên bıyani dıdu jı pêncsed xeberi kêmtır bı elmani dızanın. 6. Yeki jı zarokan yanzdeh sali ye, lê belê ew dıçe sınıfa sısêyan. 7. Lı Kurdistanê mamoste ders dıdın şêst şagırtan, lı Elmanya pır caran jı si (sıhi) kêmtır ın. 8. Lı sınıfa mın a nû tenê 23 şagırt hene, ew jı sınıfa mın a kevın 4 zarok kêmtır ın.

A

abûkat *m+f* Rechtsanwalt (L9)

aclz bûn (...bıbe) /intr. gestört werden, sich an etw. stören (L17)

Adar *f* März (L10)

afîş *f* Plakat (L19)

agır *m* /obl. **êgır** Feuer (L20)

ajne kırın (...bıke) /tr. schwimmen (L10) *(s. avjne)*

ajotın (bajo) /tr. lenken, führen, steuern (L11)

'ameliyat *f* Operation (L13), ~ **kırın** (...bıke) /tr. operieren (L13)

alawî *f* Flamme (L20)

'aleykum selam *(religiöser Gruß unter Muslimen)* Friede sei mit Dir *(Antwort auf:* **selam aleykum)** (L11)

alî *m* Seite, Richtung (L7), **~yê rastê** rechte Seite (L7), **~yê çepê** linke Seite (L7)

alîk'ar *m+f* Helfer, **~î** *f* Hilfe, Unterstützung (L9), **~î kırın** (...bıke) /tr. helfen (L3)

alûçe *f* Pflaume (L6)

amade bereit, ~ **kırın** (... bıke) /tr. vorbereiten (L8)

ambûlans *f* Krankenwagen (L15)

Amed *f* Diyarbakır, (Amida) (L1)

an (ji) oder (L2), ~ **... an ji** entweder ... oder (L7)

ango *(Neol.)* das heißt, das bedeutet, also (entspr. *arab.* ya'ni) (L19)

anin *(Imp.* bine *Präs.:* tine) /tr. holen, herbringen (L9), ~ **ci** erfüllen, **bı k'ar** ~ benutzen (L9), ~ **dınê** zur Welt bringen, gebären

ap *m* Vaterbruder, Onkel (L17)

ap'artman *m/f* Wohnblock, Hochhaus

(L17)

asman *m* /obl. **asmên** Himmel (L15/ L20) *(s. esman)*

aş¹ *m* /obl. **êş** Mühle (L14)

aş² ruhig, still (L20)

aşxane *f* Küche

atlêt *m* Unterhemd (L5)

av *f* Wasser (L6)

ava bebaut (L20), ~ **kırın** (...bıke) /tr. bauen, errichten (L3), **~hî** *f* 1. Baustelle, 2. Gebäude, 3. Bebauung, 4. Wohlstand (L3)

avêtın (bavêje) /tr. werfen *(Präs.:* davêje) (L15)

avjne kırın (...bıke) /tr. schwimmen (L10) *(s. ajne)*

awa *m* Art und Weise (L20), **bı vî ~yî** auf diese Weise (L16), **~kî çêbıke** finde eine Lösung! (L20)

awır *m* strenger Blick (L19)

ax *f* Boden, Erde

axa *m* Agha, Großgrundbesitzer (L14)

axıftın (baxeve) /tr. sprechen (L9)

azadî *f* Freiheit (L1)

B

ba¹ *m* /obl. **bê** Wind (L14)

ba² bei, zu *(Personen)*

bac *f* Steuer, Abgabe (L18)

bahoz *f* Sturm, Unwetter (L15)

bajar *m* /obl. **bajêr** Stadt (L1), **~î** 1. Stadtbewohner, 2. städtisch, Stadt- (L5)

bakûr *m* Norden (L10)

bal *f* Aufmerksamkeit, Interesse (L13), **~a xwe dan** (... bıde) /tr. aufpassen, Acht geben (L13), **~a mın dık'şıne** das interessiert mich, **~k'êş** interessant

(L13)

balafır *(Neol.)* f Flugzeug (L7)

balcan *m* Tomate, Aubergine, ~ê reş Aubergine (L6), ~ê sor *m* Tomate (L6)

ban kırın (... bıke) /tr. rufen (L5), ~ı **mın dıke** er/sie ruft mich (L5)

bapır *m* Großvater (L2)

bar *m* Last (L11), **hın~** *(Neol.)* schuldig

baran f Regen (L2), °~ männlicher Vorname (L2)

barın (bıbare) /intr. schneien, fallen (Niederschlag) (L14)

baş gut (L3)

başûr *m* Süden (L10)

bav *m* Vater (L2), ~ınî f Vaterschaft (L20)

bawer glauben, (pê) ~ **kırın** (...bıke) /tr. glauben (L4), ~ı f 1. Glaube, 2. Vertrauen (L18)

bazar f (Wochen-)markt (L3)

bazın *m* 1. Handgelenk, 2. Armreifen (L11)

beg *m* Herr, Grundherr (L11)

Behrem männl. Vorname *(pers.)* (L2)

bejn f 1. Körper, 2. Statur (L19)

belav bûn (... bıbe) /intr. sich verteilen, verstreut werden (L20)

belengaz arm, unglücklich (L11)

belê 1. ja, 2. doch, gewiß (L1)

bend f 1. Band, Verbindung, 2. Erwartung, **lı ~a ... bûn** /intr. (er-)warten (L14), ~ık f kleines Band, Bändchen

ber f Vorderseite, vor (L7), ~ê zuerst, vorher, früher (L4), ~ı vor *(zeitl.)* (L4), ~ı **ku** bevor (L10), ~ **bı...ve** auf ... zu (L15), **jı ~** wegen (L4), **jı ~ vê yekê** daher, deshalb (L6), **jı ~ ku** da, weil

(L4/L6), **lı ~** vor (L7), **lı ~ xwe k'etın** (..bık'eve) /intr. traurig sein (L16)

beraz *m* /obl. **berêz** Schwein (L6)

berç'avk *m* Brille (L18), ~ê tavê Sonnenbrille (L18)

berdan (ber...de) /tr. verlassen, loslassen (L10), **dev (jê) ~** aufgeben (L10)

berê zuerst, vorher, früher (L4)

berf f Schnee (L14), °~ın „Schneeweiß", weibl. Vorname

berı vor *(zeitl.)* (L4), ~ **ku** *(+ Konj./Ind.)* bevor (L10)

berık f (Hosen-, Jacken-) Tasche (L17) *(s. bêrik)*

berk'êşk f *(Neol.)* Schublade (L9)

berroş f Topf, Kessel

bersıv f Antwort (L9), ~ **dan** (... bıde) /tr. antworten (L9)

berx(-ık) *m* Lamm, Lämmchen (L4), **nıv ~ek** ein halbes Lamm (L4)

berxwedan f 1. Widerstand; ~ (berxwe...de) /tr. 2. sich widersetzen, 3. durchhalten

berxwedar be Danke! (L3)

bes 1. aber, nur, 2. genug, ~ **e** das reicht, das wär's (L5)

bestenî f Speiseeis

beşdar *m+f* Teilnehmer/in, ~ **bûn** (...be) /intr. teilnehmen (L10), ~ı f Teilnahme

betal arbeitslos (L3)

betılın (bıbetıle) /intr. ermüden, erschöpft werden (L17)

betlane f Ferien, Urlaub

bexçe f Garten (L15)

beyanî f Morgen, Vormittag; ~ **baş** Guten Morgen!

bez/andın (bıbezine) /tr. (zum Laufen)

antreiben, rennen lassen (L15), ~in /~iyan (bibeze) /intr. laufen, rennen (L14)

bê ohne, -los (L3),~i ku *(+ Konj./Ind.)* ohne daß (L10)

bêçare ausweglos, verzweifelt (L15)

bêçi *m* Finger (L11), ~yê lingê Zehen (L11)

bêdeng still, lautlos

bêdil unfreiwillig, gegen den Willen (L19)

bêdin religionslos *(sehr schlecht)* (L17)

bêdiqet unvorsichtig (L13)

bêhemdi ungewollt, unwillkürlich (L20)

bêkitêb buchlos *(= gottlos)* (L17)

bêk'ar arbeitslos (L3)

bêp'ere geldlos, arm (L20), ~yi *f* Armut, Geldlosigkeit (L20)

bêr[1] *m* Sommerweide, ~i *f* Melkstatt, ~ivan *f* Melkerin, °~ivan weibl. Vorname (L1)

bêr[2] *f* Schaufel, Kelle, Ruder, ~ik *f* kleine Schaufel, Kelle

bêri *f* Sehnsucht (L7), ~ya (k'esi) kirin, (... bike) /tr. vermissen, Sehnsucht haben (L7), ~ya min dike, (... bike) /tr. er/sie vermißt mich (L7)

bêrik *f* (Hosen-, Jacken-) Tasche (L17) *(s. berik)*

bêvil *m* Nase (L11)

bi mit *(instrumental)* (L5), ~ ... re /ra *(Begleitung)* mit (L5), ~ ... ve /va mit, an (befestigt) (L5)

bêzar unzufrieden, gestört (L17)

bi dest xistin (... bix(in)e) /tr. erreichen, erlangen (L19)

bi destpelinkê *f* tastend (L20)

bi heyecan aufgeregt (L18)

bi k'elegiri schluchzend, weinerlich (L18)

bi lez schnell, eilig, rasch (L15/L18)

bi meraq besorgt, neugierig (L16)

bi pistini flüsternd (L20)

bi taybeti vor allem, besonders (L15)

bi xatrê te auf Wiedersehen *(Gehender)* (L3)

bi xêr hati! sei herzlich willkommen (L9)

bi xwe selbst (L9)

bi Xwedê bei Gott! (L11)

bibexşine, bibexşinin entschuldige! entschuldigen Sie! (L7)

bibore (li min ...) entschuldige mich bitte! (L7)

biçûk klein, jünger (z.B. Geschwister) (L1) *(s. piçûk)*

bide min! gib mir! (L4)

bijang *f* Augenwimper (L11)

biha teuer (L2)

bihar *f* Frühling (L14), ~ê im Frühjahr

bihistin (bibihise) /tr. hören (L15)

bihn *f* Geruch, Atem (L11), ~a (k'esi) **teng bûn** (bibe) /intr. ungeduldig werden, es nicht mehr aushalten, (jdm) bleibt die Luft weg (L11), ~a xwe fireh **kirin** (... bike) /tr. sich abregen, sich beruhigen, tief durchatmen (L16), ~a xwe vedan (...ve...de) /tr. sich ausruhen, verschnaufen (L8)

bilind hoch (L3)

bin *m* Unterseite, unter (L7), ~k'etin (bin...k'eve) /intr. unterliegen, besiegt werden (L20)

binav[1] namhaft, bekannt, ~ û deng berühmt

bınav² unter Wasser, ~ **bûn** (bıbe) /intr. untergehen, tauchen

bınbar *(Neol.)* schuldig

bıra *m* Bruder (L2), **~tî** *f* Brüderlichkeit, **~zî** *m+f* Bruderkind, Neffe, Nichte (L15)

bırçî hungrig (L1), **~tî** *f* Hunger (L20)

bırıh / bırî *m* Augenbraue (L11)

bırın (bıbe) /tr. hinbringen, mitnehmen, tragen (L8)

bırîn (bıbıre) /tr. (r=rr) (ab-)brechen, (ab-)schneiden, fällen (L20)

bırîn *f* Wunde (L13), **~dar** verletzt, verwundet (L13)

bırûsk *f* Blitz (L11/L20) *(s. brûsk)*

bıryar *(Neol.) f* Entschluß (L17), **~dan** (...bıde) /tr. Entschluß fassen (L17)

bıyanî *m+f* Ausländer, fremd (L7)

bızın *f* Ziege (L6)

bızm *f* Trense (L16)

bilêt *f* Fahrkarte, Ticket (L10)

bin *f* Geruch, Atem (L11) *(s. bıhn)*

bir *f* Sinn, Erinnerung, Gedächtnis, Bewußtsein (L13), ~ **bırın** (... bıbe) /tr. Gedächtnis zurückführen, sich entsinnen (L20), **jı** ~ **kırın** (... bıke) /tr. vergessen (L16)

birewer *m+f* Gelehrte/-r (L19)

biskê ein wenig, Augenblick (L20)

bist zwanzig

borî *f* Rohr (L15)

braştın (bıbrêje) /tr. braten, rösten (L9)

brazî *m+f* Bruderkind, Neffe, Nichte (L15)

brut brutto (L15)

brûsk *f* Blitz (L11/L20), ~ **vedıde** es blitzt (L15)

buhar *f (s. bıhar)*

bûk *f* 1. Braut, 2. Schwiegertochter, 3. Schwägerin *(Ehefrau des Bruders)* (L19)

bûn (be) /intr. sein (L11)

bûn (bıbe) /intr. werden *(das Prädikatsnomen steht hinter dem Verb)* (L5/L9)

C

cab *f* Antwort (L9) *(s. bersiv)*

camêr *m* gute Menschen (L20)

can m Seele, Leben, "Schatz" *(Kosewort)*, ~ **dan** (... bıde) /tr. sterben (L20), **~ê te sax be!** Danke! (Bei Frage nach Befinden) (L4)

canege *m* Stier (L6)

car *f* Mal (L6), **~ek/ ~ekê** einmal (L18), **~na** manchmal (L3), **~caran** manchmal (L18)

cawî *f* Schwippschwägerin

ceh *m* Gerste (L6)

cem Seite, neben (L7)

cemıd/andın (bıcemıdıne) /tr. gefrieren lassen, **~î** gefroren, eiskalt, **~ın** (bıcemıde) /intr. frieren, gefrieren

cenderme *m* Gendarm, Militärpolizist (L12)

ceng *m* Krieg, Schlacht

cewab *f* Antwort (L9) *(s. bersiv)*

cewahır, cewher *m* Juwel (L19)

cıgare *f* Zigarette (L20) *(s. cıxare)*

cıh *m* Ort, *(regional)* Bett (L6), **~ê** ... Ort, an dem...; *hier:* Stand, Laden (L6), **~gırtın** (...bıgre) /tr. sich befinden, sich niederlassen (L10), **~yê mınıbûsan** *hier:* Minibushaltestelle (L16)

cıhê anders (L20)

cıl *m* Kleidung (L5)

cımle *f* Satz (L10)

cınawır *m* Ungeheuer (L12)

cıv/andın (bıcıvine) /tr. versammeln (L14), ~ın/ ~ıyan (bıcıve) /intr. sich versammeln (L14)

cıvat *f* Gemeinschaft, Gesellschaft (L19)

cıwan jung, *(regional)* hübsch (L1)

cıwange *m* Stier (L6)

cıxare *f* Zigarette (L20) *(s. cıgare)*

cı *m* Ort (L6) *(s. cıh)*

cıhan *f* Welt (L11)

cınar *m+f* Nachbar (L14)

cıran *m+f* Nachbar (L14)

cot *f* Paar, Pflug (L5), ~ ajotın (bajo) /tr. pflügen, ~k'ar *m+f* Bauer (L14)

cuda 1. unterschiedlich, verschieden, 2. getrennt, einzeln, ~yı *f* Unterschied

Ç

çak'êt *m* Jacke (L5)

çar vier

çardeh vierzehn

çare *f* Lösung, Ausweg (L15), bê~ auswegslos, verzweifelt

çarêk/ çarık *m* Viertel (L8)

çarşem *f* Mittwoch (L6), roja ~ê Mittwoch (L6)

ç'a'v/ ç'av *m* Auge, Fach, Schublade (L9/L11), bı çar ~an lı hêvıya rıya k'esı bûn *wörtl.*: mit vier Augen jemanden erwarten = ungeduldig erwarten (L16)

ç'avı *f* Zimmer, Raum

çawa (çawan) 1. wie *(Interrogativpronomen)*, 2. sobald, kaum daß *(Konjunktion)* (L3/L15), ~yı/ ~nı? wie geht es

dir/ Ihnen? (L3)

çax *f* Zeitalter, Zeit, ~a ku als (L20), vê ~ê zu dieser Zeit, wê ~ê zu jener Zeit, damals

çay *f* Tee (L4), ~dan *f* Teekanne (L9)

ç'ek *m* Waffe, *(reg.)* Kleidung (L14)

ç'em *m* /obl. ç'êm Bach, Fluß (L14)

çen *f* Kinn (L11)

çend wieviel, einige (L1/L4), her~ (jı) *(+ Ind.)* obwohl, obgleich (L10)

çendek *m* eine Zeitlang, eine Weile (L18)

çeng[1] wie, auf welche Weise *(Konya)* (L4)

çeng[2] *m* Arm (L11), bın~ Achselhöhle

çente *m* Tasche, Koffer (L7)

çep links (L7), alıyê ~ê linke Seite (L7), destê ~ê / mılê ~ê linke Hand, linksherum

çeqılmast *m* fetthaltiger, verdünnter Joghurt (L6)

çer wie, auf welche Weise (L4)

ç'erm *m* Leder, Haut (L5/L11), ~ın ledern, aus Leder (L5)

çerx *f* (Getriebe-) Rad (L14)

çetel *f* Gabel (L9)

ç'evder *m* /obl. ç'evdêr Roggen (L6)

çewış *m* Unteroffizier, Obergefreiter (L14)

çê gut (L17)

çêbûn (çêbıbe) /intr. entstehen, werden, zustandekommen (L5), çêdıbe okay, geht in Ordnung (L5), zarokê wê çêbû sie hat ein Kind bekommen

çêkırın (çê...ke) /tr. herstellen (L3)

çêlek *f* Kuh (L6)

çêr/an (bıçêre) /intr. weiden, grasen (L14), ~andın (bıçêrine) /tr. weiden, grasen lassen (L14)

çı was (L1), ~ **derdê tê heye** was bedrückt dich? ~**fêde** was nützt es? (L17), was für ein Problem hast du? (L5), ~ **k'arî dıke** was arbeitet er/sie (L3), ~**pê hatıye** was ist mit ihm passiert (L16)

çıl vierzig

Çıle/yêPaşîn Januar (L10), ~**yê Pêşîn** Dezember (L10)

çılo wie, auf welche Weise (L4)

çıma warum (L19)

çımento *m* Zement (L20)

çımkî weil (L4)

çıqas wie viel, wie sehr (L2), **bı** ~**î** was kostet..., wieviel macht... (L4)

çıra¹ *f* Kienholz, Licht (L19)

çıra² warum (L19)

çır/andın (bıçırine) /tr. zerreißen, ~**în** (bıçıre) /intr. reißen, platzen

Çırî/ya Paşîn November (L10), ~**ya Pêşîn** Oktober (L10)

çırkin häßlich

çıvîk *m* Vogel

çiçık *f* Brust (L11)

çimen *m* Wiese, Rasen (L15)

ç'îrok *f* Geschichte, Erzählung (L9), ~**bêj** *m+f* Geschichtenerzähler/-in (L20)

çiya *m* Berg (L15)

çok *f* Knie (L11)

çûk *m* Vogel

çûn (bıçe/here) /intr. 1. gehen, 2. fahren (L6), ~ **ava** (roj) untergehen (Sonne) (L15), **bı hev** ~ miteinander streiten (L17), **p'ev**~ *f* Streit, Auseinandersetzung, ~ **rûyê k'esî** jdn. küssen (L17)

çûyin (bıçe/here) /intr. 1. gehen, 2. fahren (L6) *(s. çûn)*

D

da- *(Verbpräfix)* meistens: herab..., ~**hatın** (*Imp.* dawere, *Präs.* datê) /intr. hinunterkommen, fallen (Schnee) (L20), ~**k'etın** (da...k'eve) /intr. herabsteigen (L20)

da ku damit, um zu *(+ Konj.)* (L9), ~**kırın** (da...ke) /tr. entladen, (durch-) sieben (L20)

dadan (da...de) /tr. (ab-) schließen, anzünden (L20)

dagırtın (da...gıre) /tr. füllen, voll machen (L9)

dahatın (*Imp.* dawere, *Präs.* datê) /intr. hinunterkommen, fallen (Schnee) (L20)

dak'etın (da...k'eve) /intr. herabsteigen (L20)

dakırın (da...ke) /tr. entladen, (durch-) sieben (L20)

daleq/andın (da...leqine) /tr. aufhängen (L19), ~**în** (da...leqe) /intr. hängen

dan (bıde) /tr. geben (L6), ~ **hev** (bıde hev) /tr. zusammenfügen (L13)

-dan/ -dank *f (Suffix)* Gefäß für/ Behälter für (L9)

danin (*Imp.* dayne/deyne, *Präs.* datine) /tr. setzen, stellen, legen (L9)

dapir *f* Großmutter (L2)

daqûl bûn (... bıbe) /intr. sich beugen (L20)

dar *f* Baum (L14), Zweig, Holzstück (L20), ~ **û ber** Bäume und Sträucher, alles Grüne (L14)

dawet *f* 1. Hochzeit (L10), 2. Einladung, ~**kırın** (bıke) /tr. einladen

daweşandın (da...weşine) /tr. ausschütteln, abschütteln

dawî *f* Ende (L3), Ergebnis (L19), **~ya h'eftîyê** Wochenende (L3)

daxistin (da...xe, da...xine) /tr. herabnehmen, abnehmen (L20)

daxwaz *f* Wunsch, Wille (L19)

day/îk *f* Mütterchen *(s. dê)*, **~ê!** Mama! Mutti! **ji ~kê bûn** (bibe) /intr. geboren werden (L14)

dayîn (bide) /tr. geben (L6) *(s. dan)*

delal lieb, lieblich (L1), **°~** weibl. Vorname (L1)

dem *f* Zeit(-punkt), Moment (L13/L20), **~a ku** als, in dem Moment, da... (L14), **wê ~ê** zu jener Zeit, **her~** immer, ständig (L16)

deng *m* Stimme, Laut, Geräusch (L16), **~ k'etin** (... bik'eve) /intr. heiser werden (L20), **~ lê kirin** (...bike) rufen, zurufen (L16), **~ hat birin** (r=rr) die Stimme brach ab (L20), **~bêj** *m+f* Sänger/-in (L20)

deqîqe *f** Minute (L7)

der[1] *f* Ort, Gegend (L19), **her~** jeder Ort, überall (L11)

der[2] hinaus, heraus *(nachgestellt)* (L20)

der- *(Präfix)* hinaus-, heraus-, **~dan** (der...de) /tr. aufgeben, verzichten (L20), **~k'etin** (der...k'eve) /intr. hinausgehen, herauskommen (L8), **~kirin** (der...ke) /tr. hinauswerfen, vertreiben (L20), **~xistin** (der...xe, der...xine) /tr. herausnehmen, herausholen, entlassen (L9/L20), **~ve** draußen, außerhalb

deranîn *(Imp.* derine, *Präs.* dertine) /tr. herausnehmen, herausbringen (L20)

derb *f* Schlag (L15), **bi ~ekê** auf einen Schlag (L15)

derbas bûn (...bibe) /intr. vorbeigehen, vergehen (L10) (L6), gültig sein

derbas kirin (...bike) tr. verbringen (L8)

derd *m* Kummer, Leid, Sorge (L5), **çi ~ê tê heye** was bedrückt dich? was für ein Problem hast du? (L5)

derdan (der...de) /tr. aufgeben, verzichten (L20)

derence *f* Treppe (L20)

dereng spät (L18), **~ k'etin** (der...k'eve) /intr. sich verspäten, zu spät kommen

derew *m* Lüge, **~(an) kirin** (...bike) tr. lügen

derî *m* /obl. **dêrî** Tür, Tor, Pforte (L4)

derk'etin (der...k'eve) /intr. hinausgehen, herauskommen (L8)

derkirin (der...ke) /tr. hinauswerfen, vertreiben (L20)

derman *m* (Heil-)mittel, Arznei (L15)

derpê *m* Unterhose (L5)

ders *f* 1. Unterricht(-sstunde), 2. Lektion (L8), **~ dan** (...bide) /tr. Unterricht erteilen, lehren (L3), **~ dar** *m+f* Lehrer/-in, **~ên wî baş in** er ist gut in der Schule (L10)

derva/ derve draußen, außerhalb (L3), **li ~** draußen (L3), **~yî welêt** außer Landes (L14)

derxistin (der...xe, der...xine) /tr. herausnehmen, herausholen, entlassen (L9/L20)

derya *f* Meer, Ozean (L10)

desk'êş *f* Zügel (L16)

dest *m* Hand (L11), **~ê çepê** linke Hand, (nach) links (L7), **~ê rastê** rechte Hand, (nach) rechts (L7), **~ avêtin** er-

greifen, hinlangen (L19), ~ **pê kırın** (...
bıke) /tr. anfangen, beginnen (L8), **bı ~
xıstın** (... bıx(in)e) /tr. erreichen, erlangen (L19), **bı ~pelınkê** ƒ tastend (L20),
~şo ƒ Waschbecken, Spüle, Bad (L9)
destmal ƒ (Kopf-, Taschen-) Tuch
destûr ƒ Erlaubnis (L11)
deşt *m* Tal (L16)
dev *m* 1. Mund (L11), 2. Öffnung, ~
(jê) **berdan** (... ber...de) /tr. aufgeben
(L10), **~bık'en** freundlich, mit lachen-
dem Mund (L16)
dever ƒ Ort, Gegend (L19)
devrı *m* Wange (L11)
dew *m* entfetteter, verdünnter Joghurt
(Ayran) (L6)
dewlemen/d reich (L7), **~tır** (< dewle-
mendtır) reicher (L17)
dewlet ƒ Staat (L7)
deyn ƒ Schulden, Leihgabe ~ **dan/day-
ın** (bıde) /tr. (jdm. etw.) leihen, borgen
deyn kırın[1] (... bıke) /tr. leihen, borgen, Schulden machen (L20)
deyn kırın[2] (... bıke) /tr. sprechen *(Ma-
raş/Sivas)* (L9)
dê ƒ Mutter (L2)
dı *(Präposition der Zugehörigkeit)* ~...
de (dı ... da) in, auf (begrenzte Räume)
(L3), ~... **re (dı ... ra)** an ... vorbei;
hindurch (L16), ~... **ve (dı ... va)** hindurch, **~nav... da** zwischen (L7), **~sa'et
çendan da** um wieviel Uhr (L8), ~
ser... re über (hinweg) (L16)
dıbıstan ƒ *(Neol.)* Schule (L3), **~a destpêkê** Grundschule (L16), **~a pêşın**
Grundschule (L19)
dıdan *m* Zahn (L7) *(s. dınan/ dıran)*
dıdu zwei

dıgel mit, trotz (L15)
dıj- *(Vorsilbe)* gegen, **~ı** gegen, **~mın**
*m+*ƒ Feind/-in, Gegner/-in (L9), **~war**
schwer, schwierig
dık ƒ Terrasse, Sockel (?) (L20)
dık'an ƒ Laden, Geschäft (L3), **~çı** *m*
Verkäufer (L6)
dıl *m* Herz (L5/L11), **~xweş**, fröhlich,
~geş fröhlich, glücklich, **~şa** fröhlich
(L15), **bı ~xweşı** *Adv.* fröhlich, vergnügt (L15), **bı ~şewatı** mitleidsvoll,
mit brennendem Herzen (L20), **~ê mın
heye** ich habe Lust (L10), **~ê mın naxwaze** ich habe keine Lust
dılop *m* Tropfen (L20)
dılovan freundlich, lieb
dın anderer, andere, anderes (L5) *(s. di)*
dınan *m* Zahn (L7) *(s. dıdan/ dıran)*
dınya ƒ Welt (L11)
dıran *m* Zahn (L7) *(s. dıdan/ dınan)*
dırêj lang (L5), ~ **kırın** (... bıke) /tr.
reichen, unterbreiten (L19), **~ı mın
dıke** er/sie (über-) reicht mir (L16), ~
kırın (xwe) (... bıke) /tr. hinlegen
(sich...), **~ahı** ƒ Länge (L20), **bı ~ı** ausführlich (L14)
dırûtın (bıdrû) /tr. nähen (L13)
dıwanzdeh zwölf
dıxwazı *(+ Imperativ)* wenn du möch-
test... (L4)
dız *m+*ƒ Dieb (L14), **~ın** (bıdıze) /tr.
stehlen (L12)
dı anderer, andere, anderes (L5) *(s. dın)*
dık *m* Hahn (L5)
dın *m* Religion (L14), **~dar** religiös,
gläubig (L18)
dıqet ƒ Aufmerksamkeit, Achtung,
Vorsicht *(auch als Interjektion)* (L13)

dısa wieder, noch einmal (L4), ~ **jî** dennoch, trotzdem (L4)

dıtın (bıbine) /tr. 1. sehen, 2. finden (L3)

dîwar *m* /obl. **dîwêr** Wand (L7)

dıyar kırın (... bıke) /tr. schenken (L11), **~I mın dıke** (...bıke) /tr. er/sie schenkt mir (L17), **~I** *f* Geschenk (L11),

do gestern (L12/L18) *(s. duh)*

dolab *f** Schrank (L7), *(regional)* (Damen-) Rock

domandın (bıdomine) /tr. fortsetzen (L10)

don *m* Öl, Petroleum (L20)

dondırme *f (türk.)* Speiseeis

dor *f* 1. Reihe (L9), 2. Umgebung

dotmam *f* Cousine (väterlicherseits) (L5)

du zwei, **~car** zweimal, doppelt (L18), **~car kırın** (... bıke) /tr. wiederholen

duh gestern (L12/L18) *(s. do)*

dur *m* (r=rr) Perle (L19)

dusıbê übermorgen (L18)

dușem *f* Montag (L6), **roja ~ê** Montag (L6)

dû¹ *f* Rauch, Qualm (L11)

dû² hinter, nach; **~ra** (<dû wi re) danach (L7)

dûr fern (L7), **~ahî** *f* Ferne (L20), **~I** *f* Ferne, Fernsein (L16)

E

'elım/andın (bı'elımine) /tr. lehren, beibringen, **~ın** (bı'elımine) /intr. lernen

E'lo kurdische Kf. für *arab.* Ali (L2)

'elo(-k) *m* Truthahn (L6)

ecebmayî verwundert (L20)

elman Deutsche/r, deutsch (L1), **~I** deutsch (Sprache) (L3), **°~ya Fêdêral** Bundesrepublik Deutschland (L2)

em wir (L1)

endam *m+f (Neol.)* Mitglied (L12)

'enî *f* Stirn (L11) *(s. heni)*

enıșk *f* Ecke (L7), **~a çeng** Ellenbogen (L11)

ent'eresan interessant (L12)

'erd *m* Erde, Boden (L7)

'erebe *m/f* Auto, PKW (L3)

erê ja (L1), **~ weleh!** ja wirklich! (L8)

erz *f* Wunsch (L20)

erzan billig (L2)

'esker *m* Soldat (L12)

esman *m* /obl. **esmên** Himmel (L15) *(s. asman)*

ev dieser, diese, dieses (Sg.), diese (Pl.) (L1)

evder *f* /obl. **vêderê** dieser Ort, hier (L4)

evin *f* Liebe, **°~** weibl. Vorname (L1), **~dar** verliebt

evqas soviel, so viel (L4)

ew 1. er, sie, es, 2. jener, jene, jenes (Sg.), 3. sie, 4. jene (3.Pers.Pl.) (L1), **~ tê wê/vê ma'nayê** das bedeutet (L19)

ewder *f* /obl. **wêderê** jener Ort, dort (L4)

ewqas soviel, so viel (L4)

ewr *m* Wolke (L15)

Ewrûpa *f* Europa (L16)

ey *(poetische Anrede)* o! (L19)

eywan *f* Terrasse, Veranda

ez ich (L1), **~ baș ım** mir geht es gut (L3)

Ê

êdî nunmehr (L4)

êrîş *f* Angriff, ~ **kırın** (... bıke) /tr. angreifen

êş *f* Schmerz (L11), ~**andın** (bıêşine) /tr. Schmerz bereiten, wehtun, ~**în** (bıêşe) /intr. schmerzen (L11)

êşk'ence *f* Folter (L14)

êvar *f* Abend (L4), ~**ê** am Abend, abends (L4/L18)

êzıng *m* Brennholz (L20)

F

fabrıqa *f* Fabrik (L7)

fanêle/ fanêre *m* Pullover (L5), ~**yê bın** Unterhemd (L5)

fatareşk *m* Milz

fehm kırın (..bıke) (jê/pê) /tr. verstehen (L6) *(s. fêm...)*

fehêt *f* Scham (L19)

felc, gelähmt, ~ **kırın** (... bıke) /tr. lähmen (L11)

felıt/andın (bıfelıtine) /tr. zur Flucht verhelfen (L14), ~**în** (bıfelıte) /intr. entkommen, fliehen (L14)

feqir arm (L14)

Ferhad männl. Vorname (L1)

ferheng *f* Wörterbuch (L10)

ferq *f* Unterschied, ~ **kırın** (... bıke) /tr. unterscheiden, trennen, ~ **nake** das macht keinen Unterschied, egal (L10)

fêdî kırın (..bıke) /tr. sich schämen

fêkî (Koll.) Obst (L6)

fêm kırın (..bıke) (jê/pê) /tr. verstehen (L6) *(s. fehm...)*

fıreh geräumig, breit, weit (L2)

fıkırîn (bıfıkıre) (pê) /intr. denken, meinen (L6)

fıkr *f* Gedanke, Idee

fılım *f* 1. Film, 2. *(med.)* Röntgen (L11) *(s. film)*

fıravîn *f* Hauptmahlzeit, Mittagessen (L8)

fırax *f* Geschirr, Gefäß (L9)

fıreh weit, geräumig (L7)

fıreng *m* Tomate (L6)

fır/andın (bıfırine) (r=rr) /tr. fliegen lassen, ~**în** (bıfıre) /intr. fliegen (L16), ~**fırok** *f* 1. (Papier-) Drache, 2. Wetterfahne

fırotın (bıfroşe) /tr. verkaufen (L3)

fışık *f* Lunge (L11)

fitil *f* Docht (L20)

film *f* Film, *(med.)* Röntgen (L11) *(s. filim)*

fıstan *f** Kleid (L5)

Frense *f* Frankreich (L3)

frensız Franzose, Französin (L3), ~**î** französisch (Sprache) (L3)

futbol *f** Fußball (L9)

G

gam Ochse (L6), ~**an** *m* Kuhhirt (L20)

garıs *f* Hirse (L6)

gav *f* 1. Zeit, 2. Schritt (L20), ~**a** wenn *(zeitl.)*, als (L6), ~**ek pêşda** so früh/schnell wie möglich (L10), **her**~ immer, ständig (L4)

gazınc kırın (...bıke) /tr. (be-)klagen, tadeln (L17)

gel *m* Volk (L14)

gelek viel (L2)

gemar schmutzig (L9)

genım *m* /obl. **gênım** Weizen (L6)

genî/ genû verdorben, schlecht (Lebensmittel) (L19)

ger *(+ Konj.)* wenn (L10)
ger/andın (bıgerine) /tr. (r=rr) 1. spazierenführen, 2. drehen (L14), ~**îyan** (bıgere) /intr. (r=rr) herumlaufen, spazierengehen (L3)
gerek *(türk.)* nötig, notwendig (L9)
germ warm, heiß (L4), ~**ahî /~î** *f* Hitze (L20)
gernas *m* 1. Held, 2. heldenhaft, mutig (L19)
geş 1. glänzend, leuchtend, 2. glücklich (L19)
gevrî *f* Hals (L11)
gez kırın (...bıke) /tr. beißen (L15)
gêj schwindelig, ~ **bûn** (...bıbe) /tr. schwindelig werden (L11)
gıh/an (bıgıhe) /intr. erreichen, ankommen (L8), ~**andın** (bıgıhine) /tr. zukommen lassen (L14)
gıhıştın (bıgıhije) /intr. erreichen, ankommen (L15)
gılover rund (L4) *(s. gırover)*
gıran schwer (L11)
gırar *f* Reis (L19), ~**a kelê** roher Reis (L19)
gıre-gır *f* Donnern (L15)
gırêdayî angeschlossen, verbunden (L10)
gırık trüb, verschwommen (L19)
gırî *m* Weinen (L20)
gırî/n (bıgri) /intr. weinen (L10), ~**îyan** s. gıri/n, ~**yandın** (bıgrine) /tr. zum Weinen bringen (L14)
gırover rund (L4), *(s. gılover)*
gırt/ın (bıgre) /tr. 1. nehmen, (er-)greifen, 2. schließen (Tür) (L8), ~**î** 1. geschlossen, 2. gefangen (L16), ~**îxane** *f* Gefängnis (L14)

gol *f* (der) See (L15)
gomag *m* Ball, Kugel (L20)
gora/ (lı) gor *(von türk. göre)* entsprechend, nach, gemäß (L15)
gore *f* Strumpf, Socke (L5)
gorım *f* Schwägerin *(Schwester des Ehepartners)*
goşt *m* Fleisch (L3)
gotın (bıbêje) /tr. sagen (L6), ~ **qey** sagen, als ob ..., (sich) denken, daß ... *(Einleitung eines indirekten Fragesatzes)* (L16)
guh *m* Ohr (L11), ~ **dan** (...bıde) /tr. hören (auf) (L17), ~**dar** *m+f* Zuhörer/-in (L20), ~**darî kırın** (...bıke) /tr. (zu-/an-) hören (L11)
guh/artın (bıguhêre) /tr. sich ändern, wandeln, ~**erandın** (bıguherine) /tr. (ver-)ändern (L11)
guhastın (bıguhêze) /tr. tragen, transportieren (L11)
gul *f* Rose, Blume, ~**dar** geblümt (L5), ~**fıroş** *m+f* Rosenverkäufer/-in, Blumenverkäufer/-in (L20)
Gulan *f* Mai (L10)
gund *m* Dorf (L1), ~**î** *m+f* 1. Dorfbewohner, Bauer, 2. dörflich, Dorf- (L5)
gundor *f* Walze (zum Plätten des Dachbelages) (L20)
gur[1] *m* Wolf (L15)
gur[2] dicht (L20)
gurçık *m* Niere (L11)
guvaştın (bıguvêşe) /tr. anspannen, (zu-) drücken (L11)
guzek/ gwêzek/ guzık *f* Fußgelenk (L11)

H

H'ıso kurdische Kf. für *arab.* Hüseyin (L2)

ha! *(Interjektion)* Da!, ~ **jı te ra!** da bitte! (L4), ~... **ha...** ob... oder... (L10)

h'al *m* Zustand (L17)

hatın (bê/ were) /intr. kommen (L3), ~ **dınê** (bê/were) /intr. auf die Welt kommen (L14), ~ **bıra** (k'esi) (bê/were...) /intr. sich erinnern, (einem) in den Sinn kommen (L10), ~ **serê k'esi** (bê, were) /intr. passieren (jemandem) (L13), **hûn bı xêr** ~! seid herzlich willkommen (L9), **hûn bı ser çavan, ser seran** ~! Ihr seid aufs allerherzlichste Willkommen! (L10),

havin *f* Sommer (L5), ~**î** Sommer-, sommerlich (L5)

hay *f* Kenntnis, Nachricht (L18), ~**a mın jê heye** ich weiß davon (L16), **haya k'esi jê tune** niemand weiß etwas davon (L18)

h'eb *f* Stück *(Zählwort)* (L4), ~**kî/** ~**ıkî** ein wenig (L7)

h'eft sieben

h'eftê siebzig

h'eftî *f* Woche (L3), ~**ya borî/** ~**ya çûyî** letzte Woche (L18), ~**ya ku bê** nächste Woche (L18)

h'ej/andın (bıh'ejine) /tr. schütteln (L20), ~**îyan** (bıh'eje) /tr. geschüttelt werden, wackeln, beben (L20)

h'ejir *m* Feige (L6)

hejmar *f* Zahl, Ziffer (L19)

h'ek'aret *f* Beleidigung (L14), ~ **(lê) kırın** (...bıke) /tr. jmdn beleidigen (L14)

heke *(+ Konj.)* wenn (L10)

h'el/andın (bıh'ejine) /tr. tauen lassen, schmelzen (L14), ~**îyan** (bıh'ele) /intr. tauen, schmelzen (L14)

helbet (jî) natürlich, gewiß (L10)

hem ... hem jî sowohl ... als auch (L5) *(s. hım... hım ji)*

hema gleich, sofort (L18)

hember *m* Gegenüber, gegen (L7)

hembêz/ hemêz *f* Schoß, Arm (L17), ~ **kırın** (...bıke) /tr. umarmen

h'emê/ h'emî alle (L4) *(s. h'emû)*

hemşire *f* Krankenschwester (L13)

h'emû alle (L4) *(s. h'emê)*

hemwelatî *(Neol.)* *f* Staatsbürger, Mitbürger (L19)

henışk *f* 1. Ellenbogen, 2. Ecke (L11)

henî *f* Stirn (L11) *(s. 'eni)*

h'epıs(-xane) *f* Gefängnis (L14)

heq *m* Recht (L18)

her 1. jede/-r/-s (L8), 2. *Adv.* immer-(zu) (L8), ~ **ku** *(+ Ind.)* immer wenn, sooft (L10), ~ **ku dıçû** zunehmend, nach und nach (L20), ~ **roj/** ~**(r)o** jeden Tag (L7), **her tışt** alles (L5)

h'erb *f* Krieg, Schlacht

herçend (jî) *(+ Ind.)* obwohl, obgleich (L10)

herçı was auch immer, wer auch immer

herdem immer, ständig (L16)

herder jeder Ort, überall (L11)

herdu (jî) beide (L1)

her/e! geh! (Imp. von *çûn*), **em** ~**ın!** laßt uns gehen/fahren (L5)

hergav immer, ständig (L4)

herık/andın (bıherıkine) /tr. bewegen, aufbrechen, ~**ın** (bıherıke) /intr. fließen, herauslaufen (L20)

herk'es jeder (L8)

herrı *f* Schlamm, Matsch (L15)

hersê alle drei (L3)

herûg *f* Pflaume (L6)

herwekı *(+ Ind.)* wie, sowie *(als Konjunktion)* (L10)

h'esıbandın (bıh'esıbine) /tr. zählen, rechnen (L19)

h'esın *m* Eisen (L13), ~**ker** *m* Schmied (L20)

hesp *m* /obl. **hêsp** Pferd (L14)

heste *m* Feuerzeug (L20)

hestı *m* Knochen (L11)

heşt acht

heştê achtzig

heta(-nı) (bı...) bis (L10)

hev einander, sich (gegenseitig) (L9), **bı ~ra /bı ~ re** zusammen, miteinander (L4), **bı ~ çûn** (...bıçe) /intr. miteinander streiten (L17), ~**du** einander, sich (gegenseitig) (L9)

heval *m+f* Freund, Freundin (L1), ~**tı** *f* Freundschaft (L20)

hevelınk *m* Schwippschwager

hevok *f (Neol.)* Satz (L10)

hew nicht mehr *(Verb positiv)*, ausreichend, genug (L4)

hewa *m* Luft, Klima, Atmosphäre (L4)

hewce nötig, notwendig (L6), ~**darı** *f* Notwendigkeit, Bedarf (L4)

heya(-nı) (bı...) bis (L10)

heyecan *f* Aufregung (L18)

heyv *f* 1. Mond, 2. *(regional)* Monat

hez kırın (...bıke) (jê) /tr. lieben, mögen (L6)

hezar tausend (L11)

H'eziran *f* Juni (L10)

hê noch (L2) *(s. hin)*

hêdı langsam (L11), ~ **hêdı** ganz langsam, ganz leise (L18)

hêk *f* Ei (L3), ~ **kırın** (...bıke) /tr. Eier legen, ~**erûn** *m* Omelette, Spiegelei

hêlık *m* 1. Hoden, 2. *(bei kleinen Jungen)* Penis

hêlkan *f* Schaukel (L20)

hêsan leicht (L8), ~**ı** *f* Leichtigkeit, leicht (L8), **bı ~ı** *Adv.* mit Leichtigkeit, leicht (L17)

hêsır/ hêstır *m* Träne (L20)

hêşın grün (Pflanzenfarbe), blau (L7), ~**ahı** *f* (alles) Grüne (L15)

hêvı *f* Hoffnung (L14), °~ weibl. Vorname (L1), ~ **kırın** (... bıke) /tr. hoffen (L18), **lı ~ya ... bûn** /intr. warten (L14), **bı çar çavan lı ~ya rıya k'esı bûn** *wörtl:* mit vier Augen jemanden erwarten = ungeduldig erwarten (L16), ~**dar** hoffnungsvoll (L18)

hêwı feucht (L2)

hıdûd *f* Grenze (L10)

hıjdeh achtzehn

hıl- *(Verbpräfix)* hoch-, auf-

hılanin *(Imp.* hıline, *Präs.* hıltine) /tr. aufräumen, wegschaffen (L20)

hılatın *(Imp.* hılê, *Präs.* hıltê) /intr. hochkommen, aufgehen (Sonne) (L20)

hılbıjartın (hıl...bıjêre) /tr. aussuchen, wählen (L18)

hıldan (hıl...de) /tr. hochheben (L20)

hılgırtn (hıl...gıre) /tr. nehmen, kaufen (L20)

hılhatın *(Imp.* hılê, *Präs.* hıltê) /intr. hochkommen, aufgehen (Sonne) (L20)

hılk'ış/andın (hıl...k'ışine) /tr. hochziehen, klettern lassen (L20), ~**ıyan** (hıl...k'ışe) /intr. aufsteigen, hochklettern (L20)

hılkırın (hıl...ke) /tr. hochheben, aufheben (L20)

hılweş/andın (hıl...weşine) /tr. einstürzen lassen, einreißen, umstülpen (L20), **~łyan** (hıl...weşe) /intr. einstürzen, zusammenbrechen (L20)

hım... hım sowohl ... als auch (L5) *(s. hem... hem)*

hınar *m* Granatapfel (L6), **~ık** *f* Wange (L11)

hındık ein wenig (L8)

hındır *m* Innerei, Eingeweide (L11), **~ê qıcık** Unterleib (L11) *(s. hundır)*

hınek/ hınekı ein wenig, ein bißchen, etwas (L3)

hıngê dann, folglich (L3)

hıngı ku wenn, als (L17)

hırmı *f* Birne (L6)

hıstı *m* Nacken (L11) *(s. stû)*

h'ış *m* Verstand, Sinn (L13), **jı ~ naçe** es geht nicht aus dem Sinn (L16)

hışk vertrocknet, trocken, hart (L15)

hışyar wach (L8)

hıvdeh siebzehn

hıç *(+ Verneinung)* niemals, nie (L16)

hin noch (L2) *(s. hê)*

hin bûn (...bıbe) / intr. lernen (L3)

hin kırın (...bıke) /tr. lehren (L11)

hıştın (bıhêle) /tr. (ver-/zurück-)lassen, erlauben (L11/L17)

hon ihr, *(selten:* Sie) (L1)

hoste *m* Meister, Vorarbeiter (L11)

hozan *m+f* Dichter/-in (L19), **~ł** *f* Dichtkunst (L19)

hulm *m* Zug, Hauch (L20)

hundır *m* das Innere, Innenraum (L4) *(s. hındır)*

hungıv *m* Honig (L9)

hûn ihr *(selten:* Sie) (L1), **~ bı xêr hatın!** Seid herzlich willkommen (L9)

hûr fein, klein, winzig, **~ık** *m* 1. Kleingeld, 2. Kleinbustabe; 3. fein, 4. winzig, **~mûr** *f* 1. Sachen, 2. Gepäckstücke

İ

icar dann, diesmal (L12)

idare *f* 1. Auskommen, 2. Leitung, **~ kırın** (...bıke) /tr. 1. leiten, führen, 2. Auskommen sichern, zurechtkommen (L11)

ifade *f* Aussage (L14)

'ilac *f* Arznei (L15)

imk'an *f* Möglichkeit (L18)

İngılıstan *f* England (L3)

ingılız Engländer/-in (L3), **~ł** englisch (L3)

ini *m* Freitag (L6), **roja ~ıyê** Freitag (L6)

iro heute (L6)

isal dieses Jahr (L9)

isk'an *f* (Tee-)Glas, Becher (L9)

isk'ın *f* Schluchzen (L20), **kırın ~** (... bıke) /tr. schluchzen (L20)

isot *f* Paprika (L6)

ispani Spanier/-in, spanisch (L3)

İspanıya *f* Spanien (L3)

işev diese Nacht, heute Nacht (L20)

itali İtaliener/-in, italienisch (L3)

İtalya *f* Italien (L3)

itfaye *f* Feuerwehr (L15)

izn *f* Erlaubnis, Urlaub (L16)

İlon *f* September (L10)

J

jar mager, ausgemergelt (L15)

jeng *f* Rost (L19), **~ gırtın** (...bıgre) /tr.

rosten (L19) *(s. zeng)*

jê *Kontraktion von:* jı+wi *oder* jı+wê

jêhatı geschickt, fleißig (L8)

jêr unten (L7)

jı 1. aus, von (L1), 2. als *(im Vergleich)* (L11), ~ ... re für, zu (L6), ~ ... de von, von ... an (L6), ~ ... ve seit, von ... an, gemäß, ~ ... pê ve außer (L20), ~ ... vırde seit (L7), ~ bıl außer (L10), ~ bır kırın (... bıke) /tr. vergessen (L16), ~ bo(-na) für (L6), ~ daykê bûn (bıbe) /intr. geboren werden (L14), ~ hış naçe (es) geht nicht aus dem Sinn (L16), **jı ku** woher (L2), ~ kuderê woher (L4), ~ nıha ve von nun an (L10), ~ nışkê va plötzlich (L15), ~ wê rojê û bı şûn va von jenem Tag an (L15), ~ xwe selbst, sogar (L4), ~ zû ve schon lange, seit langem (L16)

jın *f* Ehefrau, Frau (L1), ~ık *f* Frau (L1), ~ebı *f* Witwe (L9)

jı 1. auch, 2. und *(nachgestellt)* (L1)

jır klug (L4/19)

jıyan/ jın (bıjı) /intr. leben (L8)

jor *m* oben (L7), ~ı *m* oben, oberhalb (L7), ~ın obere/-r/-s (L9)

K

ka *f* Stroh (L20)

k'a[1] ob, *(leitet einen Nebensatz mit Fragepronomen ein)* (L6)

k'a[2] los! *(Partikel zur Verstärkung des Imperativ)* (L4)

k'a[3]?/ **k'anı**? wo (ist) denn? (L9)

kabok *f* Knie (L11)

kal alt (vorwiegend bei Männern), der Alte (L2), ~ık *m* Großvater (L2)

kanın (bıkane) /tr. können (L9) *(s. ka-rin)*

kanı *f* Quelle, ~yaspı Ortsname: Weiße Quelle (L1)

kar/ık *f* Zicklein (L6)

k'ar *m* 1. Arbeit (L3), 2. Angelegenheit, ~ kırın (...bıke) /tr. arbeiten (L3), bı ~ anın (...bine) /tr. benutzen (L9), ~ker *m+f* Arbeiter (L1), k'arê mın heye ich habe zu tun

karin (bıkare) /tr. können (L9) *(s. kanin)*

k'arker *m+f* Arbeiter (L1)

k'artol *f* Kartoffel (L6)

k'axıd, k'axız *f* Papier

keç *f* Tochter (L2), ~ık *f* Mädchen (L2)

k'efçı *f* Löffel (L9)

k'el/andın (bık'eline) /tr. kochen (Wasser, Eier) (L9), ~ıyan (bık'ele) /intr. kochen, sieden (L9)

k'elegırı schluchzend (L20)

kelek *f* Honigmelone (L6)

kelmêş *f* Mücke, Pferdebremse

k'engê wann (L4)

k'en/andın (bık'enine) /tr. zum Lachen bringen, glücklich machen, ~ın (bık'ene) (pê) /intr. lachen (über) (L10), **k'en/ kerb** *f* Wut, Ärger, Verzweiflung (L20)

k'erem *f* Edelmut, Großzügigkeit, ~ kırın (... bıke) /tr. bitten (L4), ~ke! (< k'erem bıke) Bitte schön (beim Überreichen), Herein! (L2/L4), ~kın! (< k'erem bıkın) *(Plural)* Bitte schön! Herein! (L4), jı ~a xwe (re) bitte!

k'erıxın (bık'erıxe) /intr. genug haben von; Nase voll bekommen (L17)

k'es *m* 1. jemand, Person, 2. *(mit Negation)* niemand (L4/L9), her~ jeder

(L8)

k'eser *m* Kummer (L20)

k'esk grün (L5)

k'etın (bık'eve) /intr. fallen (L10), ~ ...

salîya xwe /intr. ... Jahre alt werden (L10), ~ **dest** (bık'eve...) /intr. in die Hand fallen: bekommen (L15), ~ **hundır** (bık'eve...) /intr., eintreten (L4), **lı ber xwe** ~ traurig sein (L16)

kevın alt (Dinge), ehemalig (L2) *(s.*

kevn

kevır *m* Stein (L20)

kevn alt (Dinge), ehemalig (L2), ~**are** antik, ~**ep'erest** reaktionär, Reaktionär/-in, ~**ık** *f* altes Kleidungsstück, Lumpen (L20

kevok *f* Taube

kewandın (bıkewine) /tr. (Wunde) versorgen, verarzten (L13)

kezeb *f* Leber (L11)

k'ê wessen, wem, wen (Obl. von **kî**) (L3)

k'êf *f* Freude, Spaß (L16), ~**xweş** froh, fröhlich (L10), **bı** ~**xweşî** *Adv.* glücklich, fröhlich

k'êlek *f* Seite (L13)

kêm wenig, selten (L18), ~**anî/** ~**sî** *f* Mangel, Schwäche, ~**ayî** *f* Minderheit

k'êr *f* Messer (L9)

k'êş *f* Versmaß (L19)

k'ılam *f* Lied (L19), ~**an gotın** (... bıbêje) singen (L19)

k'ılît *f* Schloß, Schlüssel

kın kurz (L5)

k'ınc *m* Kleidung (L5), ~**mınc** *m* Kleidung und dergleichen (L8)

k'ıngê wann (L4)

kıras *m* Kleid, Hemd, Unterhemd (L5)

k'ırê *f* Miete (L2), ~ **kırın** (... bıke) /tr. mieten (L11)

kırın (bıke) /tr. tun, machen (L3), **jê**~ (bıke) /tr. abschneiden, **lı xwe** ~ (bıke) /tr. (sich) anziehen, aufsetzen (L8), **ser jê**~ (bıke) /tr. schlachten *(wörtl.* Kopf abmachen)

k'ırîn (bık'ıre) /tr. (r=ıı) kaufen (L4)

k'ırîv *m* (Beschneidungs-) Pate (L20), ~**atî** *f* Patenschaft (L20)

k'ış/andın (bık'şine) /tr. ziehen, hier: aufnehmen (L11), ~**îyan** (bık'ışe) /intr. ziehen *(intr.)* (L15)

k'ıtêb *f* Buch (L7)

k'ızır/andın (bık'ızırine) /tr. vertrocknen lassen, rösten, braten, ~**în** (bık'ızıre) /intr. vertrocknen, Feuer fangen (L20)

k'î wer (L1)

k'îjan welche, welcher, welches (L4)

k'îlometre *f* Kilometer (L15)

kîr *m* Penis

k'odık *f* Gefäß, Behälter, Topf

k'olan *f* Straße, Gasse

k'om *f* Gruppe (L19), ~ **bûn** sich (ver-)sammeln, zusammenkommen (L15), ~ **kırın** (... bıke) /tr. sammeln, sparen (L9)

ku[1]   wo   *(Interrogativpronomen)*, *(nachgestellt)* wohin (L4), **lı** ~ wo (L2), **jı** ~ woher (L2), **bı** ~ **de** wohin (L16)

ku[2] *(+ Konj.)* wenn (L10)

ku[3] daß *(Nebensatzeinleitung)* (L6)

ku[4] der, die, das *(Relativpronomen)* (L10)

k'uder *f* wo, welcher Ort (L4), ~**ê** *(nachgestellt)* wohin (L4), **lı** ~**ê** wo (L4), **jı** ~**ê** woher (L4)

kulilk *f* Blume, **bı** ~ geblümt (L5)

kulm *f* Faust, Handvoll (L20), ~**ık** *f* Handfläche, Fausthieb

kundır *m* Kürbis (L6)

kur *m* Sohn (L2), ~**ap** *m* Cousin, Sohn des Vaterbruders (L17), ~**ık** *m* (r=ır) Junge (L2), ~**xal** *m* Cousin, Sohn des Mutterbruders

k'urd Kurde, Kurdin (L1)

k'ursi *f** Stuhl (L7)

kuştın (bıkuje) /tr. töten, ermorden

k'ûçe *f* Straße, Gasse

k'ûçık *m* Hund (L14)

k'ûr tief (L20), ~**ahi** *f* Tiefe

kûz *f* Krug (L20)

L

lal stumm (L20)

lampe *m+f** Lampe (L7)

lastik *f* Plastik, Gummi (L5)

laş *m* Körper

lawaz dünn, mager (L4)

law *m* Sohn (L2), ~**ık** *m* Junge

laylon *f* Plastik, Nylon (L9) *(s. naylon)*

lazım nötig, notwendig (L6/L9)

lebıt/andın (bılebıtine) /tr. bewegen (L11), ~**ın** (bılebıte) /intr. sich bewegen (L11)

lerız/andın (bılerızine) /tr. zum Zittern bringen, rütteln, ~**ın** (bılerıze) /intr. zittern (L15)

leşk'er *m* Soldat (L14)

lewıt/andın (bılewıtine) /tr. erschüttern, in Bewegung setzen, ~**ın** (bılewıte) /intr. schmutzig werden, besudeln (L15)

lewra darum, deshalb

lê[1] aber (L2), ~ **belê** aber, sondern (L4)

lê[2] *Kontraktion von:* lı+wi *oder* lı+wê

lê gerıyan (lê bıgere) /intr. (danach) suchen (L3), **ew lı mın dıgere** er/sie sucht mich

lê xıstın (lê...xe, *Präs.:* lê dıxe) schlagen, draufhauen (L9), **ew lı mın dıxe** er/sie schlägt mich

lêdan (lê...de) /tr. schlagen (L14), **ew lı mın dıde** er/sie schlägt mich

lêv *m* Lippen (L11)

lı in, auf (L2), ~ **ber** vor *(örtl.)* (L7), ~ **k'u/ k'uderê** wo (L2/L4), ~ **şûna** anstelle von (L8)

lıhêf *f* Bettdecke (L20)

lıng *m* Bein (L11), **bı** ~**an** zu Fuß (L7)

lıv/andın (xwe) (bılıvine) /tr. (sich) bewegen (L20), ~**ın** (bılıve) /intr. sich bewegen, erregt sein (L20)

lırin (bılire) /intr. heulen (L15)

list/ık *f* Spielzeug (L15), ~**ın** (bılize, bıleyize) /tr. spielen (L8)

loma daher, deshalb (L4/L19)

M

maf *m* Recht (L18)

mak'ina *f* Maschine, ~ **cılan/ k'ıncan** Waschmaschine (L11)

mal[1] *f* 1. Haus, Wohnung, 2. Familie (L1), ~**bat** *f (Neol.)* Familie (L19), ~**î** *f* Verwandtschaft, Hausgemeinschaft (L17), ~**î ava** Vielen Dank! (L3), ~**a te ava!** Hab vielen Dank! (L9), ~**a we ava!** Habt vielen Dank! (L9)

mal[2] *m* Besitz, Hab und Gut, ~**dar** *m+f* Besitzer/-in, reich (L20)

malıştın (bımale) /tr. fegen, wischen (L8)

malşewıti unglückselig (L20)

malzarok *m* Gebärmutter (L11)

mamoste *m+f* (L1)

man (bımine) /intr. bleiben, aufhalten, wohnen (L3) *(s. mayin)*

ma'ne/ ma'na *(arab.)* *f* Bedeutung (L19)

mange *f* Kuh (L6)

manto *m* (Damen-) Mantel

mase *f** Tisch (L7)

masi *m* Fisch

mast *m* / obl. **mêst** Joghurt (L6)

maşelah so Gott will! großartig, *(Ausspruch, der vor dem bösen Blick bewahren soll)* (L4)

mayin (bımine) /intr. bleiben, aufhalten, wohnen (L3) *(s. man)*

mazûvan *m+f* Gastgeber/-in, Hausherr/-in (L9)

me'aş *m* Einkommen (L15)

meclis *f* Parlament

meh *f* Monat (L7), **~a borî/ ~a çûyi** letzten Monat (L18), **~a ku bê** nächsten Monat (L18)

mek't'eb *f* Schule *(arab.)* (L3), **mek't'eba bılınd** Hochschule (L3)

melkeb *f* Korb, Körbchen (L9)

meqam *m ** Behörde (L7)

meraq *f* Sorge, Neugier (L16)

merıv *m* Mensch, Leute, *auch:* Verwandte (L15), *(s. mırov)*

merk'ez *f* Zentrum (L7)

mesele *f* Problem (L10), **mesele nine** es ist kein Problem (L10)

mesref *f* Ausgabe, Gebühr (L9)

meş *f* Marsch, Demonstration, **~andın** (bımeşine) /tr. marschieren lassen (L14), **~ın** (bımeşe) /intr. marschieren, zu Fuß gehen (L14)

met *f* Vaterschwester, Tante (L17)

meydan *f* Platz (L14)

meyt tot (L20)

mezel *f* Zimmer, Raum (L2)

mezın groß (L1), **~ahı** *f* Größe (L20)

mê weiblich (L17)

mêj früher, vergangen, **jı ~ ve** seit langem, schon lange (L18)

mêji *m* 1. Gehirn, 2. Knochenmark (L11)

mêr *m* Mann, Ehemann (L1), **~ani** *f* Männlichkeit, Mut (L20), **~ebi** *m* Witwer (L9), **~ık** *m* Mann (L1), **~ıtı** *f* Männlichtkeit, Mannsein (L17)

mêrdewan *f* Treppe (L20)

mêrg *f* Wiese, Weide (L15)

mêrkuj *m* Mörder

mêş *f* 1. Biene, 2. Fliege, **~a hungıvi** Honigbiene

mêvan *m+f* Gast, Besuch (L9)

mêwe *m* Obst, Frucht

mêze kırın (... bıke) (lê) /tr. schauen, sorgen (für) (L8)

mıqabıl *(arab.)* *m* Gegenüber (L7)

mıqlık *f* Henkeltopf (L17)

mıdûr *m+f (arab.)* Rektor, Direktor (L19)

mıfte(h) *f* Schlüssel

mıjgul *f* Augenwimper (L11)

mıjûl bûn[1] (... bıbe) /intr. sprechen *(Batman)* (L9)

mıjûl bûn[2] (... bıbe) (pê) /intr. sich beschäftigen (L8)

mıh *f* Schaf (L6) *(s. mi)*

mıl *m* Schulter (L11), **~ê çepê** linke Hand, (nach) links (L7), **~ê rastê** rechte Hand, (nach) rechts (L7)

mılet *m* Volk, Nation (L19)

mıqlık *f* (Henkel-)Topf (L9)

mırın (bımıre/bımre) /intr. sterben (L9)

mırişk *f* Huhn, Henne (L4)

mırov *m* 1. Mensch, 2. man, 3. Verwandte (L15) (L9) *(s. merıv),* ~**atı** *f* Menschheit, Menschlichkeit (L20)

mıst *m* Faust, Handvoll

mışmış *m* Aprikose (L6)

mışt voll (L19)

mıtfax *f* Küche (L9)

mıxabın *(Neol.)* leider! schade! (L9)

mızgin *f* frohe Botschaft (L2), °~ weibl. Vorname

mı *f* Schaf (L6) *(s. mıh)*

mı'de *m* Magen (L11)

milyoner *m+f* Millionär/-in (L11)

mimar *m+f* Architekt *(arab.)* (L3)

minibûs *f* Kleinbus, Dolmusch (L10)

Miran männl. Vorname (L1)

miratê *hier:* verdammt! (L20)

mobılye *f* Möbel (L7)

modern modern (L5)

mofıka dest Handgelenk (L11)

mori *m* Glasperle

motor *f* Motor, *hier:* Trecker (L14)

muhendıs *m+f* Ingenieur/-in (L2)

muhım wichtig (L11)

muxt'ar *m* /obl. muxt'êr Dorfvorsteher (L15)

N

na nein (L1)

nalbend *m* Hufschmied (L20)

name *f* Brief (L14)

namebır *(Neol.)* *m+f* Briefträger(-in) (L14)

nan *m* /obl. nin Brot, *(allg. auch)*

Essen (L3), ~**fıroş** *m+f* Brotverkäufer/-in (L20), ~**pêj** *m+f* Bäcker/-in (L3)

narıncı orange *(Farbe)*

nas *m+f* Bekannte/-r, ~ kırın (... bıke) /tr. kennen(-lernen), erkennen (L4)

nav[1] *f* Mitte, Inneres (L7), ~ xêrê de be! Wohl ergeh's dir! *(Antwort auf:* tu bı xêr hatı) (L9)

nav[2] *m* Name (L2), navê te çı ye? Wie heißt du? (L11), navê te bı xêr Ihr Name bitte? (L11)

navık *f* Bauchnabel (L11) *(s. nêvık)*

naylon *f* Plastik, Nylon (L9) *(s. laylon)*

nazık fein, höflich (L19)

ne nicht (L1), ~ ûsa ye? nicht wahr? (L8)

neh neun

nema nicht mehr *(Verb positiv)* (L4)

nemaze vor allem, besonders (L15)

nerm weich (L16)

newal *f* Tal (L15)

nexwe/ nexu nicht... doch; übrigens; in der Tat (L10)

nexweş krank, unwohl (L4), ~ k'etın (...bık'eve) /intr. krank werden (L4), ~xane *f* Krankenhaus (L9)

neynûk *f* Fingernagel (L11)

nezan unwissend, dumm

nêç'ir *f* Jagd (L16), ~van *m* Jäger, ~ kırın (... bıke) /tr., jagen

nênık *f* 1. Spiegel, 2. *(regional)* Fingernagel (L11)

nêr männlich (L17)

nêrin (bınêre) (lê) /tr. schauen, sorgen (für) (L8) *(s. nıhêrin)*

nêvık *f* Bauchnabel (L11) *(s. navık)*

nêzık nahe (L7), ~ı fast, beinahe, ~ı vıra nahe von hier (L7)

nıha jetzt (L3), **jı ~ve** von nun an (L10)
nıhêrin (bınıhêre) (lê) /tr. schauen, sorgen (für) (L8) *(s. nêrin)*
nıqutin (bınqute) /intr. tropfen (L20)
nırx *m* Wert, **bı ~** wertvoll
nıvışt *f* Schrift, Abschrift (L19), **~xan** Schreibstube (L19)
nıvin *f* Bett *(meistens als Plural verwendet)* (L7)
nıvis *f* Schrift(-stück), **~andın** (bınıvısine) /tr. schreiben (L3), **~in** (bınıvise) /tr. schreiben (L3/L19)
nızm niedrig (L4)
niro Mittag, mittags (L8) *(s. nivro)*
Nisan *f* April (L10)
nişan dan/ kırın (... bıde /... bıke) /tr. zeigen (L5/L16), **ew nişanî mın dıde** er/sie zeigt mir
niv *m* Hälfte, Mitte, halb (L7), **~gırî** halb weinend, weinerlich (L20), **~ro** Mittag, mittags (L8)
nod neunzig
noq *f* Tauchen, **~î bûn** (... bıbe) /intr. tauchen, **~î kırın** (... bıke) /tr. tauchen, eintauchen
noş Prost!, **~î can be!** Guten Appetit! (L9)
nozdeh neunzehn
nuh/ nû neu (L3/L4), **~ zewıcî** frisch verheiratet (L3)
nûçe *f* Neuigkeit, Nachricht (L16)
nûjen *(Neol.)* modern (L5)

O

ocax *f** Herd (L7)
ode *f* Zimmer, Raum (L2)
ol *f* Religion (L14)
ort/a *f* Mitte (L18), **lı ~ê tune ye** (er/sie)

ist nicht da, verschwunden (L18)
otoboz *f* Bus (L10)
otomofil *f* Auto, PKW (L3)
oxır be! Tschüß! Lebe wohl! *(Antwort auf:* **Bı xatrê te**) (L3)

P

p'akêt *f* Paket, Päckchen (L9)
p'alto *f* (Herren-) Mantel
p'antol/ p'antor *m* (europäische) Hose (L5)
panzdeh fünfzehn
paq *f* Schienbein (L11)
paqıj kırın (...bıke) /tr. sauber machen (L3)
p'arep'ar zerstückelt, zerteilt (L19)
p'arlament'er *m+f* Parlamentarier/in
p'artî *f* Partei (L12)
paş *m* Rückseite, hinten (L7), **~î** hinter (L7), **~ê** (da-)nach, später (L8/L11), **~in** letzter, letzte, letztes
patata *m* Kartoffel (L6)
patêx *f* Honigmelone (L6)
patoz *f* Dreschmaschine (L14)
paye *f* Rang, Würde, Ehre, **~bılınd** würdevoll, ehrwürdig (L19)
payiz *f* Herbst (L14)
pehn dünn, platt, flach (Gegenstände) (L4)
pehtın (bıpêje) /tr. backen, kochen (L3)
p'el *m* Blatt (L14)
p'embehî rosa (L5)
p'embû *m* Baumwolle (L5)
p'enaber *m+f* *(Neol.)* Flüchtling, Asylsuchender (L14), **~î** *f* Asyl, Zuflucht
p'encere *f** Fenster (L7)

penîr *m* Käse (L4)

pepûk Kuckuck (L20), **~î** *f* Kukkuckhaftigkeit, *fig.* Unwissenheit (L20)

p'erçe *f* Teil (eines Ganzen), Stück (L13), **~p'erçe** zerstückelt, zerteilt (L13)

p'ere *m (Koll.)* Geld (L3)

p'erîşan völlig durcheinander, verzweifelt (L20)

p'evçûn *f* 1. Streit, Auseinandersetzung, 2. streiten, aufeinander losgehen (< bı hev çûn) (L17)

peya¹ *m* Mann (L20)

peya² zu Fuß (L7), **~bûn** (... bıbe) /intr. aussteigen (L7)

peyv *f* Rede, Wort, **~în/ ~îyan** (bıpeyve) /intr. sprechen (Schriftsprache) (L9)

p'eywîst nötig, notwendig (L6)

pez *m* /obl. **pêz** Kleinvieh, Schafe und Ziegen (L14)

pê¹ *Kontraktion von:* bı+wi *oder* bı+wê, **~ ve kırın** (... bıke) /tr. daran befestigen, aufhängen (L7)

pê² *m* Fuß (L11), **~ lı ... (auch: pêl) kırın** (... bıke) /tr. treten, drauftreten, **~xas** barfuß

pêçan (bıpêçe) /tr. drehen, (ein-) wikkeln (L20)

pênc fünf

pêncî fünfzig

pêncşem *f* Donnerstag (L6), **roja ~ê** Donnerstag (L6)

pênûs *f (Neol.)* Stift, Schreiber, Federhalter

pêr vorgestern (L18)

pêsîr *f* Brust (L20)

pêş vorne (L19), **~î** zuerst, vorher (L6), **~în** erster, erste, erstes (L16)

Pêşeng männl. Vorname, „Anführer" (L2)

pêşkêş kırın (...bıke) /tr. darbieten (L19)

pêşmerge *m* „die in den Tod gehen", kurdische Freiheitskämpfer (L14)

pêşnihat *f (Neol.)* Vorschlag, Empfehlung, Angebot (L4), **~ kırın** (... bıke) /tr. anbieten, vorschlagen, empfehlen

pêşve vorwärts, nach vorn, **~ bırın** (... bıbe) /tr. weiterbringen, entwickeln (L19), , **~ çûn** (... bıçe) /intr. voranschreiten, vorwärtsgehen, **~rû** *(Neol.)* fortschrittlich

pêxıstın (pê...xe) /tr. anzünden (L20) *(s. vêxıstın)*

pıçûk klein (L1) *(s. bıçûk)*

p'ır (r=rr) sehr, viel (L5), oft (L18), **~anî** *f* Mehrheit, Mehrzahl (L19), **~ınî** *f* Mehrheit, Vielzahl (L20)

pırs *f* Frage (L6), **~ıyar** *f* Frage, Problem (L19), **~în** (bıpırse) (jê) /tr. fragen (L6), **~ kırın** (... bıke) /tr. fragen

pırtûk *f (Neol.)* Buch (L7)

pısıng *m* Katze (L17) *(s. pışik)*

pıs *m* Sohn *(nur noch selten gebräuchlich)* **~mam** *m* 1. Cousin (Sohn des Vaterbruders); 2. Anrede bei gleichaltrigen fremden Männern (L10), **~xal** *m* Cousin (Sohn des Mutterbruders)

pışık *f* Lunge (L11)

pışik *m* Katze (L17) *(s. pısıng)*

pışt *f* Rücken (L7), **~î** nach (L7), **~ra** danach (L8)

pil¹ *m* Arm (L11)

pil² *m* Milz (L11)

p'ilot *m* Pilot (L17)

pir alt (vorwiegend bei Frauen), die Alte (L2), **~ik** *f* Großmutter (L2)

pirek *f* Frau (L1)

p'is 1. schmutzig, ekelhaft: 2. böse, schlecht (L9)

pivan (bipive) /tr. messen (L11)

pivaz *f* Zwiebel (L6), **~terik** *f* Lauchzwiebel (L6)

p'lan *f* Plan (L10)

p'olis *m+f* Polizist/-in, Polizei (L2)

p'or *m* Haare (L11), **~reş** schwarzhaarig (L16)

p'ort'eqal *f* (L6) Orange, Apfelsine

p'ostaçi *m+f* Briefträger/in, Postbeamte/r

poz *m* Nase (L11)

Q

qal *f* Rede (L20)

qalind dick *(Gegenstände)* (L20)

qanûn *f* Gesetz (L15)

qapût *m* Mantel (L20)

qat *f* * Geschoß, Stockwerk (L7)

qaz *f* Gans

qe/ qey Interjektion: los! (L20)

qebûl kirin (... bike) /tr. akzeptieren, annehmen, zustimmen (L15)

qedandin (biqedine) /tr. beenden (L10)

qedeh *f* (Tee-)Glas, Becher (L9)

qed/andin (biqedine) /tr. beenden, **~iyan** (biqede) /intr. enden, zu Ende gehen (L8)

qefil/andin (biqefiline) /tr. frieren lassen (L14), **~in** (biqefile) /intr. frieren (L14)

qehir/andin (biqehirine) /tr. wü-

tend/böse machen (L14), **~in** (biqehire) /intr. wütend/böse sein (L14)

qehwe *f* Kaffee (L5), **~xane** *f* Kaffehaus, Café (L10), **~yi** braun (L5)

qelem *f* Stift, Schreiber, Federhalter

qelew dick (Lebewesen) (L4)

qepat kirin (...bike) *(türk.)* /tr. ausschalten *(Elektrogeräte)*

qenc gut (L4)

qerar *f* Entschluß (L17), **~ dan** (...bide) /tr. Entschluß fassen (L17)

qerebelix *f* 1. (lärmende) Menge, 2. Krach

qereqol *f* Polizei-/ Gendarmerierevier (L14)

qerêj schmutzig, dreckig (L19)

qeşa *f* Eis, **~ girtin** (bigre) /tr. sich mit Eis bedecken, gefrieren

qet überhaupt (m. Verneinung) (L5)

qet/andin (biqetine) /tr. abschneiden, zerschneiden, amputieren, **~iyan** (biqete) /intr. reißen

qeyisi *m* Aprikose (L6)

qeze *f* Unfall (L13)

qezenc kirin (...bike) /tr. verdienen (L3)

qezi kirin (... bike) /tr. sprechen *(Elâzığ)* (L9)

qêrin *f* Schrei (L19)

qidûm *m* Form (L20)

qilêr schmutzig (L9)

qirêj schmutzig, dreckig (L19)

qiriçandin (biqiriçine) /tr. (Zähne) knirschen (L20)

qirrik *f* Hals (L11)

qiriyan (biqire) /intr. schreien (L20)

qise kirin (... bike) /tr. sprechen *(Elâzığ)* (L9)

qıtık *f* Wadenbein (L11)

qıyamet *f* jüngster Tag, Weltuntergang (L9)

qız *f* Tochter *(türk.)* (L2), ~ık *f* Mädchen (L2)

qomık 1. Knie(-scheibe), 2. Haufen (L20)

qor *f* Bein (L11), ~a qalınd Oberschenkel (L11)

qorzı *f* (Zimmer-) Ecke (L20)

qul *f* Loch (L19)

quncık *f* Ecke (L7)

qurban *f* Opfer; *(häufig von älteren Menschen Kindern gegenüber als Ausdruck der Aufopferungsbereitschaft geäußert)* (L17), bı ~a te be! *(sinngemäß)* er/sie tut alles für dich!

qurtık *f* Schlagloch, Kuhle

qut abgerissen, abgebrochen, ~ık *f* Stück (L20), ~ bûn (... bıbe) /intr. abgeschnitten werden, abgestellt werden, ~ kırın (... bıke) /tr. abschneiden, abreißen, zudrehen

qutî *f* Topf, Dose (L9), ~ya postê Briefkasten (L16)

qû *m* Schwan

R

ra- *(Verbpräfix)* beschreibt meistens horizontale Auf- oder Abbewegung

raber kırın (... bıke) /tr. 1. erklären, 2. weisen, 3. empfehlen

raberî *f* 1. Führung, Leitung, 2. Erklärung, Darlegung

rabûn (ra...be) /intr. aufstehen (L8), jı xew ~ aufstehen (nach dem Schlaf) (L8)

rahıştın (ra...hêje) /tr. ergreifen, nehmen *(Obj. nachgestellt)* (L15)

rahn *f* Oberschenkel (L11)

rak'etın (ra...k'eve) /intr. liegen, schlafen (L8)

rakırın (ra...ke) /tr. aufheben, tragen (L11)

rap'elıkın (ra...p'elıke) /intr. klettern, kraxeln

rast 1. richtig, 2. rechts (L7), ~erast geradeaus (L7), ~î *f* Wahrheit (L8), bı ~î wirklich, fürwahr (L8), ~ın echt, wirklich

rast hatın (lê) (...bê/were) /intr. (zufällig) treffen, ~ê hev hatın (zufällig) zusammentreffen (L11)

rawestan (ra...weste) /intr. stehen(-bleiben), warten (L20)

raweşandın (ra...weşine) /tr. ausschütten (L20)

raxıstın (ra...xe, ra...xine) /tr. hinlegen, ausbreiten (L20)

razan (ra...zê) /intr. schlafen (L8), ~dın (ra...zine) /tr. schlafenlegen (L14)

razı einverstanden, zufrieden (L4)

reben arm, unglücklich (L11)

refik *m* Regal, Brett (L7)

reh'et ruhig, gesund (L12), ~î *f* Gesundheit

reng *m* Farbe (L5), ~areng/ ~dar farbig, bunt (L5)

rep unbeweglich, steif (L20)

reqele dünn, mager (L4)

resmî offiziell (L15)

reş schwarz (L5), ~ahî *f* Schwärze, Dunkelheit

reş/andın (bıreşine) /tr. streuen (L20), ~ıyan (bıreşe) /intr. verstreut werden

rev *f* Flucht, ~andın (bırevine) /tr. entführen, zur Flucht verhelfen (L14), ~**ın/** ~**ıyan** (bıreve) /intr. fliehen, fortgehen (L10)

rewş *f* Lage, Situation (L14)

rex *m* Seite, Richtung (L7)

rext *m* Patronengurt (L16)

rê *f* Weg, Straße (L2), ~**zan** *m+f* wer den Weg kennt (L19), **bı** ~ **k'etın** (bık'eve) /intr. sich auf den Weg machen (L10)

rêber *m+f* Führer, Wegweiser, ~**ı kırın** (... bıke) /tr. führen

rêvi *m* Darm (L11)

rêxıstın *f (Neol.)* Organisation (L14)

rêz *f* Linie, Stufe (L19)

rıca *f* Bitte, ~ **kırın** (... bıke) /tr. bitten

rızgar frei, befreit (L2), °~ männl. Vorname (L2), ~**ı** *f* Befreiung

rıh *m* (Voll-) Bart (L20), **bı** ~ bärtig (L20) *(s. ri)*

rıj/andın (bırıjine) /intr. ausgießen, ausschütten (L13), ~**ın/** ~**ıyan** (bırıje) /intr. fließen (L13)

rıst *f* Ordnung (L19)

rıstın (bırêse) /tr. spinnen (L19)

ri *m* (Voll-, Backen-) bart (L16), ~**spi** 1. weißbärtig, 2. Weise (L16), **bı** ~ bärtig *(s. rıh)*

rohni hell (L20) *(s. roni)*

roj *f* Tag, Sonne (L3), ~ **bı roj** von Tag zu Tag, täglich (L11), ~**ani** täglich, Tagelohn (L4), ~ **dıçe ava** die Sonne geht unter, ~**ava** *f* Westen (L10), ~**baş** Guten Tag! (L2), ~ **hıltê** die Sonne geht auf, ~**hılat** *f* Osten, Orient (L10), ~**name** *f (Neol.)* Zeitung (L8), **jı wê ~ê û bı şûn va**

rojhılat *m* Osten, Orient (L10), **ro-**

jhılatnas *m+f* Orientalist/in, ~**nasi** *f* Orientalistik (L16)

rojname *f (Neol.)* Zeitung (L8)

Romi Römer, *gemeint:* Türken, türkische Soldaten (L12)

ronahi *f* Licht, Helligkeit (L20)

ronak hell, ~**bir** *(Neol.)* gebildet, intellektuell (L18)

roni hell (L20) *(s. rohni)*

Roşen weibl. Vorname, „leuchtend, hell" (L2)

rovi *m* Fuchs (L19)

ruhn *f* Oberschenkel (L11)

rû *m* Gesicht (L11), ~**reş** Lügner, Betrüger, ~**reşi** *f* Schande (L19)

rûmet *m* Wert *(ideell),* **bı** ~/ ~**gıran** wertvoll, hochwertig (L19)

rûn *m* Butter, Öl, Fett (L6)

rûnıştın (rû...ne) /intr. sitzen (L8)

rûp'el *f* (Buch-) Seite, Blatt

S

sa'et *f* Uhr, Stunde (L7), ~ **çend e/** ~ **çıye** wie spät ist es (L8)

sade einfach, schlicht (L19)

sal *f* Jahr (L1), ~**a ku bê** nächstes Jahr (L18), ~**a par** letztes Jahr (L18), ~**i** jährig, ... Jahre alt (L1)

salox *f* 1. Nachricht, 2. Erklärung, ~ **dan** (... bıde) /tr. 1. erklären, 2. in Kenntnis setzen

san'ayi Industrie- (L19)

sancûl *f* Halsband (L16)

saniye *f* Sekunde (L13)

sar kalt (L4)

sazûman *f* Ordnung

se *m* Hund (L15)

sed hundert

sek'ın/andın (bısek'ınine) /tr. anhalten, zum Stehen bringen (L13), **~ın** (bısek'ıne) /intr. 1. stehen(-bleiben), anhalten, 2. verweilen, 3. warten, 4. wohnen (L8)

selam (aleykum!) Friede sei mit Ihnen *(arab. Grußformel der Muslime)* (L11)

seqem f Kälte (L20)

ser m Kopf, Oberseite (L7), **~ gırêdan** (gırê...de) /tr. Kopftuch tragen (L18), **~vekırı** barhäuptig (L18)

serbajar m Hauptstadt

serbest frei, unabhängig, **~ı** f Freiheit, Unabhängigkeit

serbılınd stolz, **°~ı** Stolz

serbıxwe unabhängig

ser çavan *(wörtl.:* über den Augen!) höfliche Antwort auf Wünsche und Aufforderungen! (L3), **hûn bı ~çavan, ser seran hatın!** Ihr seid aufs allerherzlichste Willkommen! (L10), **wey tu bı ~ çavê xaltıya xwe ra hatı** *(sinngemäß)*du bist deiner Tante herzlichst willkommen (L17)

seredan f Besuch (L17), **çûn ~a k'esı** jemanden besuchen (L17)

serı m Kopf, Oberseite (L7)

serk'etın f Erfolg (L19), **~** (ser...k'eve) /intr. siegen, gewinnen, Erfolg haben (L19)

serma f Kälte (L10)

serpêhatı f Ereignis

serxwebûn f Unabhängigkeit, Autonomie

sexte falsch, gefälscht (L14)

sê drei, **her~** alle drei (L3)

sêlım f Leiter, Treppe (L20)

sêşem f Dienstag (L6), **roja ~ê** Diens-

tag (L6)

sêv f Apfel (L6)

sêzdeh dreizehn

Sıbat f Februar (L10)

sıbe/ sıbeh f Morgen, morgen (L8), **~ê (zû)** (früh) am Morgen (L18)

sıbê morgen (L18)

sıcûq m Wurst (L4)

sıhat xweş Danke! *(wörtl.:* gute Gesundheit) (L3)

sılav f Gruß (L3), **~an bıbêje!** Grüße (bitte)..., schöne Grüße! (L3)

sımêl m Schnurrbart (L20)

sınıf f (Schul-) klasse (L9)

sını f Teller, Tablett (L9)

sısê drei

sıst locker (L11)

sıvık leicht, fein (L19)

sıwar beritten, **~ bûn** (...bıbe) (lê) /intr. einsteigen, aufsteigen (L12), **~ kırın** (... bıke) (lê) /tr. hinaufsetzen, einsteigen lassen, **~ı** m+f Reiter/in

sınema f* Kino (L7)

sınor f Grenze (L10)

sır m Knoblauch (L6)

sıxorte f Versicherung (L15)

sıyasi politisch (L14)

sobayı kırın (...bıke) /tr. schwimmen (L10)

sobe m Ofen (L20)

sol f Schuh (L5)

sor rot (L5)

soz f Wort, Versprechen, **~dan** (...bıde) /tr. versprechen

spas Danke, vielen Dank (L3)

spehı schön, hübsch (L20), **~tı** f Schönheit (L20)

spı, sıpı weiß (L5), **~kên çavan** das

Weiße in den Augen (L20)

standın (bıstine) /tr. bekommen, nehmen (L3)

Stembol *f* Istanbul (L12)

stran *f* Lied, Gesang, **~dın** (bıstrine) /tr. singen

stû *m* Nacken (L11) *(s. hıstî)*, **~xwar** traurig, gesenkten Hauptes, **bı ~xwarî** *Adv.* mit gesenktem Haupt (L20)

sûc *m* Schuld, **~dar** schuldig

sûk *f* Geschäftsviertel, Markt (L3)

sûret *f* Bild (L19)

Swêd *f* Schweden (L3), **°~î** Schwede, Schwedin, schwedisch (L3)

Ş

şabûn (şa...be) (pê) /intr. froh, fröhlich sein/werden (L6)

şagırt *m+f* Schüler, Schülerin (L19)

şahî *f* Freude, Glück (L16)

şal *m* Hose (L5)

şamî *m+f* Truthahn, Pute (L6)

şandın (bışine) /tr. schicken, senden (L6)

şan dan/ kırın (... bıde/ ... bıke) /tr. zeigen (L20), **ew şanî mın dıde/dıke** er/sie zeigt mir

şanzdeh sechzehn

şaş erstaunt, verwirrt (L20), **~ bûn/ ~ man** (...bıbe/... bımine) /intr. sich wundern (L9)

şebake *f** Fenster (L7)

şekır *m* Zucker (L9), **~dank** *f* Zukkerdose (L9)

şem *f* Samstag (L6), **roja ~ê** Samstag (L6)

şemıtîn (bışemıte) /intr. (aus-) rutschen (L15)

şeqam *f* Ohrfeige (L18)

şer *m* Streit, Kampf (L17), **~ kırın** (... bıke) /tr. streiten, kämpfen

şerab *f* Wein

şerm *f* Scham, ungehörig (L19)

şêst sechzig

şeş sechs

şev *f* Nacht (L3), **bı ~** in der Nacht, nachts (L18), **~ û roj** Tag und Nacht (L3)

şewıt/andın (bışewıtine) /intr. in Brand stecken, niederbrennen (L14), **~în** (bışewıte) /intr. brennen (L14)

şewq *f* Schein (L20)

şêr *m* Löwe (L4)

Şêrîn *f* weibl. Vorname, „die Süße" (L2)

şık'andın (bış'kine) /tr. zerbrechen (L20)

şık'eft *f* Höhle (L14)

şık'estın (bış'kê) /intr. brechen, zerbrechen (L15)

şıkr jı Xwedê re! Gott sei Dank! (L8)

şıl naß, *(seltener)* feucht (L4)

şıtexılîn (bıştexıle) /intr. sprechen (Mardin) (L9)

şıvan *m* / obl. **şıvên** Hirte, Schäfer (L13)

şıxul *f* Arbeit, **~andın** (bışıxuline) /tr. arbeiten lassen, in Gang setzen (L13), **~în** (bışıxule) /intr. arbeiten (L13)

şîn blau (L5)

şîr *m* Milch (L6)

şırqe-şırq *f* Blitzezucken (L20)

şırqîn Blitzen (L20)

şîş *m* Spieß (L20)

şîv *f* Abendessen (L8), **~ê xwarın** (... bıxwe) /tr. zu Abend essen (L8)

şıyar wach (L8), **~ bûn** (... bıbe) /intr.

aufwachen (L8)

şk'estın (bışk'ê) /intr. zerbrechen (L15)

şofêr *m* Fahrer (L17)

şore kırın (... bıke) /tr. sprechen *(Urfa)* (L9)

şuştın (bışo) /tr. waschen (L8)

şûn *f* Stelle (L8), **~a zaroyê** Gebärmutter (L11)

şûnda danach, schließlich (L8)

şûşe *f* Flasche (L20)

T

Tacin männl. Vorname (L1)

taji *f* Jagdhund, Windhund (L16)

t'alan kırın (...bıke) /tr. plündern (L14)

t'am völlig, ganz (L16)

t'amîr *f* Reparatur, **~ kırın** (...bıke) /tr. reparieren (L15), **~çî** *m* Reparateur (L15)

t'ansyon *f** Blutdruck (L11)

tarî dunkel (L15)

t'aştê *f* Frühstück (L8), **~ xwarın** (... bıxwe) /tr. frühstücken (L8)

tatêl *f* Sorge, Kummer (L15)

t'atıl *f* Ferien (L10)

tav *f* Sonne (L14)

tax *f* Stadtteil, Wohnviertel (L19)

t'axsî *f* Auto, PKW (L3)

t'axtor/ t'ıxtor *m+f* Arzt (L7)

Tebax *f* August (L10)

teker *f* Rad, Reifen

t'eklîf *f* Vorschlag, Empfehlung (L4), **~ kırın** (...bıke) /tr. vorschlagen, empfehlen

t'elefîzyon *f* Fernseher (L4)

t'elefon *f* Telefon, **~ dan** (...bıde) / **~**

kırın (...bıke) /tr. telefonieren (L17), **hejmara ~ê** Telefonnummer

t'emaşe kırın (... bıke) (lê) /tr. ansehen, betrachten (L8)

t'embel faul (L14)

t'eneke *f* Blech (-eimer, -topf) (L20)

t'enê nur (L3), **bı ~** allein (L7)

teng eng, schmal (L11)

t'epsık *f* Teller, Tablett (L9)

teq/andın (bıteqine) /tr. 1. zum Platzen/ zur Explosion bringen, 2. schießen, **~în** (bıteqe) /intr. platzen, explodieren

t'eslîm *f* 1. Übergabe, Aushändigung, 2. Kapitulation, **~ bûn** (...be) /intr. sich ergeben, kapitulieren, sich stellen, **~ kırın** (...bıke) /tr.

t'ev (t'evî) mit, zusammen (L20), **~lıhev** durcheinander (L9) , **~ahî/ ~ayî** *f* Gesamtheit (L19), **bı ~ahî** insgesamt (L19)

t'evda (<dı hev da) zusammen, insgesamt (L4)

t'ext *m* Bettgestell (aus Holz) (L7)

teyare *f** Flugzeug (L7)

t'eze frisch, kürzlich (L4)

tê *Kontraktion von:* dı+wi *oder* dı+wê

têgıhıştın (tê...gıhije) /intr. verstehen, bemerken (L6)

têk'etın (tê...k'eve) /intr. eintreten, hineingehen (L20)

têkırın (tê...ke) /tr. auftun, eintun (Essen) (L20)

t'êl *f* Draht

t'êr satt (L20), **~ kırın** ausreichen, genügen (L19), **t'êra mın dıke** es reicht mir (L20)

t'ıfıng *f* Gewehr (L14) *(s. t'ıvıng)*

t'ıjı voll (L7)

tıka *f* Bitte, Ersuchen, ~ **kırın** (... bıke) /tr. bitten, ersuchen

tılıh *f* Finger (L11), ~**a lıngê** Zehen (L11)

t'ımı immer (L16)

t'ıqe-t'ıq *f* Geratter (L13)

tırımbêl *f* Auto, PKW (L3)

tırı *f* Weintraube (L6)

t'ırk Türke, Türkin (L1)

Tırmeh *f* Juli (L10)

tırs *f* Angst (L15) ~**andın** (bıtırsine) /tr. Angst machen (L14), ~**ın**/ ~**ıyan** (bıtırse) /intr. sich fürchten, Angst haben (L12)

tışt *m* Sache, Ding (L5)

t'ıvıng *f* Gewehr (L14) *(s. t'ıfing)*

t'ı¹ durstig (L1)

t'ı² *m* Schwager *(Bruder des Ehepartners)*

tîr *f* Pfeil (L19)

tîrêj *m* Licht, Strahl

tirozî *f* Gurke (L6)

trên *f* Eisenbahn, Zug (L10)

tu du (L1), ~ **bı xêr hatî!** sei herzlich willkommen (L9)

t'u nichts, nie *(Verneinungsvorsilbe)*, ~**ne** nicht vorhanden (L2), ~ **tışt** überhaupt nichts, gar nichts (L9), ~**cara**/ ~**caran** niemals, nie (L4)

tûtık *f* Felsbrocken, *hier:* Hocke (L20)

U

unıversıte *f* Universität (L10)

Û

ûcdan *f* Gewissen (L20)

ûr *m* Innerei, Eingeweide (L11), ~**ıkê**

pıçûk Unterleib (L11)

ûsa so (L4)

V

va *(Demonstrativum)* das da!, dies hier! (L3), ~ **ye** sieh! da! (L3)

vala leer, *(hier:)* frei, unbeschäftigt (L8)

vebûn (ve...be) /intr. sich öffnen (L20)

vedan (ve...de) /tr. beißen, stechen, aufzucken (Blitz) (L20)

vedana brûskan *f* Blitzen (L15)

veger/andın (ve...gerine) /tr. umdrehen, erwidern (L20), ~**ıyan** (vegere) /intr. zurückkehren (L6)

vej/andın (ve...jine) leben lassen, wiederbeleben (L19), ~**ın** (ve...ji) wiederauferstehen

vekırın (ve...ke) /tr. öffnen (L4)

vemır/andın (ve...mırine) /tr. auslöschen (L20), ~**ın** (ve...mıre) /intr. erlöschen, ausgehen (L20) (Licht)

vereşın *(Imp.* vereşe, *Präs.* vedıreşe) /intr. sich übergeben (L11)

veşartın (ve...şêre) /tr. verstecken (L14)

veqet/andın (ve...qetine) trennen, auseinanderhalten, ~**ın** (ve...qete) /intr. sich trennen, ausscheiden

vexwarın (ve...xwe) /tr. trinken (L8)

vexwendın (ve...xwine) /tr. einladen, herbeirufen (L20)

vezel/andın (ve...zeline) /tr. hinlegen, ~**ıyan** (ve...zele) /intr. sich hinlegen, auszuhen (L17)

vê obl. fem. von **ev** diese/r/s, ~ **heftıyê** diese Woche (L18), ~**mehê** diesen Monat (L18)

vêca dann, folglich (L3)

vêk'etın (vê...k'eve) /intr. brennen, leuchten (L20)

vêxıstın (vê...xe) /tr. anzünden, anmachen (Licht) (L16) *(s. pêxıstın)*

vır hier, **~a** hier, **~ de û wê de** hierhin und dorthin (L20)

vi obl. mask. von **ev** diese/-r/-s (L6)

vin/vıyan (bıvê) /intr. wollen (L9)

W

wa ye vgl. va ye = sieh da! (L16)

weha so, folgendermaßen (L9)

wek wie, gleichsam, als (in Form von) (L4), **~ı** s. wek, **her~ı** *(+ Ind.)* wie, sowie *(als Konjunktion)* (L10), **~ı dın** sonst noch, noch etwas (L4)

wekhev gleich, **~ı** *f* Gleichheit

welat *m* /obl. **welêt** Land, Heimat (L2)

weleh! bei Gott! wirklich! ehrlich! (L8)

wenda bûn (... bıbe) /intr. verschwinden

weng so *(Konya)* (L4)

wer so (L4)

werdek *m* Ente

wergerandın (wer...gerine) /tr. umkippen, übersetzen (L20)

wergırtın (wer...gıre) /tr. entgegennehmen, bekommen, anziehen (L16)

weris *m* Seil, Schnur

werımın (bıwerıme) /intr. (an-)schwellen (L18)

west/andın (bıwestine) /tr. müde machen, erschöpfen (L15), **~ıyan** (bıweste) /intr. müde werden, erschöpfen *(intr.)* (L8)

weş/andın (bıweşine) /tr. schütteln, streuen (L14), **~ın** (bıweşe) /intr. (aus-

/ab-) fallen (L14)

wext *m** Zeit (L8), **~ê ku** (immer) wenn, als (L8)

wey Ach! *(Interjektion)* (L17)

wezın *f (arab.)* Versmaß (L19)

wêran (bıwêre) /intr. sich trauen, wagen (oft **newêre** in der Verneinung) (L16)

wêran kırın (...bıke) /tr. verwüsten (L14)

wıha so, folgendermaßen (L4)

wılo so (L4)

wır/ wıra dort

wısa/ wısan so (L20)

X

xal *m* Mutterbruder, Onkel (L15)

xaltı *f* Tante (Mutterschwester) (L12)

xam *f* Sorge, Kummer (L19) *(s. xem)*

xanı *m* /obl. **xênı** Haus (L3)

xebat *f* Arbeit (L15)

xeber *f* Nachricht, Wort (L8), **~ dan** (... bıde) /tr. sprechen (L3/L9), **~a te ye!** du sagst es! (L8)

xebıt/andın (bıxebıtine) /tr. 1. arbeiten lassen, anstellen, 2. benutzen (L14), **~ın** (bıxebıte) /intr. arbeiten (L3)

xelas Schluß!, **~ bûn** (... bıbe) /intr., **~ kırın** (...bıke) /tr. beenden, **~ı** *f* 1. Rettung, Erlösung; 2. Ende (L20)

xelat *f* Geschenk (L11)

xem *f* Sorge, Kummer (L15), **~ xwarın** (...bıxwe) /tr. Kummer haben (wörtl. essen) (L17)

xerc kırın (...bıke) /tr. ausgeben (L15)

xeroş hübsch, gediegen (L19)

xestexane *f* Krankenhaus (L9)

xesû *f* Schwiegermutter

xew *f* Schlaf (L8), **jı ~ rabûn** (ra...be) /intr. aufstehen (nach dem Schlaf) (L8)

xeyıd/andın (bıxeyıdine) /tr. verärgern, böse machen, **~ın** (bıxeyıde) (jê) /intr. böse/ verärgert/ gekränkt sein (über) (L17)

xezûr *m* Schwiegervater

xêncı (*arab.* xêr/xeyr + jı) außer (L10)

xêr *f (arab.)* Wohlsein, Güte, **~a Xwedê lı te be!** *(Antwort auf Willkommensgruß)* Gottes Wohl sei mit dir! (L9), **~ e** *(singemäß)* hoffentlich nichts Schlimmes! *(Ausspruch zur Abwehr von Bösem)* (L5)

xêzan *f* Ehefrau (L9)

xıj bûn (bıbe) /intr. rutschen, gleiten

xırab schlecht, schlimm, kaputt (L11), **~ bûn** (bıbe) /intr. kaputt gehen (L11)

xıstın (bıxe) /tr. stecken (L20)

xıyar *m* Gurke (L6)

xort *m* junger Mann, Jüngling (L13)

xulam *m+f* Sklave, Leibeigener, Diener (L14)

xurek *f* Essen, Lebensmittel

xurt stark, heftig (L15), **~ır** heftiger (< *xurttır*) (L20)

xuşin *f* Rauschen (L20)

xuya sichtbar, offensichtlich (L18), **~nı** sichtbar, **~ bûn** (...bıbe) /intr. sichtbar sein/ werden, zu erkennen sein (L15), **~ kırın** (...bıke) /tr. aussehen, zu erkennen sein, **ûsa xuya dıke** es sieht aus (L18)

xwarın (bıxwe) /tr. essen (L3)

xwarzı *m+f* Schwesterkind, Neffe, Nichte (L15)

xwe sich *(Reflexiv)* (L8), **bı ~** selbst (L9), **jı ~** selbst, sogar (L4)

Xwedê *m* Gott (L4), **bı ~** bei Gott! *(Schwur)* (L11), **~ bıparêze!** Gott behüte! (L4), **~ jı te razı be!** Danke! (*wörtl.*: Gott sei zufrieden mit dir) (L3), **~ te bı selametı bıke** Gute Besserung (L12)

xwedı *m+f* Besitzer, Eigentümer (L4), **~pez** *Adj.* Besitzer von Schafen und Ziegen, Schafe und Ziegen besitzend (L17), **~rez** *Adj.* Besitzer von Weingärten, Weingärten besitzend (L17), **~tı** *f* Besitz, Eigentum (L20)

xweh *f* Schwester (L2)

xwenda/ xwende gebildet, studiert (L16)

xwendevan *m+f* Schüler/-in, Student/-in (L1)

xwendewar *m+f* Gelehrte/-r (L19)

xwendın (bıxwine) /tr. lesen, studieren, vortragen (L3)

xwendı gebildet, studiert (L16)

xwestın (bıxwaze) /tr. wollen (L5)

xweş schön, gut (L5), **~ık** schön, hübsch (L5),

xweşı *f* 1. Schönheit, 2. Gesundheit, **çûn ~ya k'esı** (einem) gefallen

xwezı wenn doch bloß (L17), **~ya xwe anin** (bine) /tr. Wunsch ausdrücken, sein Heil suchen (L17)

xwê *f* Salz (L9), **~dan** *f* Schweiß (L19), **~dan** (... bıde) /tr. schwitzen (L19)

xwin *f* Blut (L11)

xwışk *f* Schwester (L2)

Y

yan (jı) oder (L2)

ya'nı also (L14)

yanzdeh elf

yallah ya Xwedê! Auf geht´s! *(Schutzanruf an Gott)* (L16)

yek eins, eine, einer, eines

yekşem *f* Sonntag (L6), **roja ~ê** Sonntag (L6)

yunani Grieche, Griechin, griechisch (L3), °**~stan** *f* Griechenland (L3)

Z

zagon *(Neol.) f* Gesetz (L15)

zana wissend, gebildet (L16)

zanin (bızane) (pê) /tr. wissen, können (neg.: *nı*zane) (L5/L6), **zaningeh** *(Neol.) f* Universität, Hochschule (L3)

zanıstgeh *(Neol.) f* Universität, Hochschule (L3)

zar[1] *m* Sprache, Dialekt (L19), **~av** *f* Dialekt (L19)

zar[2] *m* Würfel (L17)

zaro(-k) *m* Kind, (reg. nur Jungen) (L1)

zava *m* 1. Brätigam, 2. Schwager *(Ehemann der Schwester), 3. Schwiegersohn*

zayin *f* 1. Geburt , ~ (bızê) /intr. 2. gebären, zur Welt bringen, **beri/pişti ~ê** vor/nach Christi Geburt

zebeş *m* Wassermelone (L6)

zeng *f* Rost (L19), ~ **gırtın** (...bıgre) /tr. rosten (L19) *(s. jeng)*

zenı *f* Kinn (L11)

zer gelb (L5)

zerdalû *m* Aprikose (L6)

zevı *f* Feld (L7)

zewac *f* Heirat (L18)

zewıc/andın (bızewıcine) /tr. verheiraten (jemanden) (L10), **~ı** (Betonung auf *wı*) verheiratet (L2), **~ın** (bızewıce)

/intr. heiraten (L10)

zeytûn *f* Oliven (L9)

zêde viel, mehr (L11), ~ **kırın** (... bıke) /tr. vermehren (L19), **~tır** mehr

zêr *m* Gold (L14), **~ın** golden, **~ker** *m* Goldschmied (L20)

zıha *m* Drache (L20)

zık *m* Bauch (L11)

zılam *m* /obl. **zılêm** Mann, Ehemann (L1/L11)

zıman *m* /obl. **zımên** Sprache (L6), **~ê zıkmakı** *(Neol.)* Muttersprache (L18)

zınar *m* /obl. **zınêr** Felsen

zıncir *f* Kette, Halskette

zırav dünn, mager (L4)

zışt häßlich9

zıvır/andın (bızıvırine) /tr. umdrehen (L11), **~ın** (bızıvıre) /intr. sich wenden, drehen, umkehren (L14)

zıvıstan *f* Winter (L5), **~ı** Winter-, winterlich (L5)

zıyan *f* Schaden (L19)

zın *m* Sattel (L16), ~ **kırın** (...bıke) /tr. satteln (L16)

zıv *m* Silber (L14), **~ın** silbern

zor 1. schwer, schwierig; 2. *(selten)* sehr, viel, ~ **spas** vielen Dank (L3)

zozan *f* Sommerweide, Alm (L14)

zû 1. rasch, schnell, 2. früh (L8), ~ **zû** schnell schnell (L18), **jı** ~ **ve** schon lange, seit langem (L16)

A

Abend êvar *f* (L4), **~essen** şiv *f*, xwarına êvarê (L8), **°~s** êvarê (L4/L18)

aber lê; lê belê (L2/L4)

Abgabe bac *f* (L18)

abnehmen *(Gewicht)* k'ilo dan (... bıde) /tr., *(herunter-)* daxıstın (da...xe, da...xine) /tr. (L20)

abregen *(sich)* bıhna xwe fıreh kırın (... bıke) /tr. (L16)d dılê k'esi reh'et bûn (... bıbe) /intr.

abreißen hılweşandın (hıl...weşine) /tr. (L20)

abschließen k'ilit kırın (bıke) /tr., dadan (da...de) /tr. (L20)

abschneiden jê kırın (jê...ke) /tr., bırin (bıbıre) /tr. (r=rr) (L20)

Abschrift nıvışt *f* (L19), çel *f*

abtrocknen zuwa kırın (... bıke) /tr.

Ach! *(Ausruf des Erstaunens)* ax! *(Ausruf des Bedauerns)* wey! (L17)

acht heşt

Achtung *(auch als Interjektion)* diqet *f* (L13)

achtzehn hıjdeh

achtzig heştê

Agha axa *m* (L14)

akzeptieren qebûl kırın (... bıke) /tr.; pejırandın (bıpejırine) /tr. (L15)

alle h'emê, h'emi, h'emû (L4), **~ beide** herdu (ji) (L1), **~ drei** hersê (L3)

allein bı t'enê (L7)

alles her tışt *m*

als¹ *(in Form von)* wek, weki (L4)

als² *(zeitl.)* dema ku (L14), çaxa ku (L20), wextê ku (L8), gava (L6)

also ya'ni *(arab.)*, ango *(Neol.)* (L14)

alt kevın, kevn *(Dinge)*; pir *(vorwie-*

gend bei Frauen); kal *(vorwiegend bei Männern)* (L2)

anbieten raber kırın (... bıke) /tr., t'eklif kırın (... bıke) /tr., pêşnihat kırın (... bıke) /tr.

anderer, andere, anderes dın, di (L5)

ändern guherandın (bıgıherine) /tr. (L11), **sich ~** guhartın (bıguhêre) /intr.

anders cıhê (L20)

Anfang destpêk *f*

anfangen dest pê kırın (... bıke) /tr. (L8)

Anführer pêşeng (L2)

Angebot t'eklif *f*, pêşnihat *f (Neol.)* (L4)

angebunden gırêdayi (pê ve) (L10)

angeschlossen gırêdayi (L10)

angreifen êrîş kırın (...bıke) /tr.

Angriff êrîş *m*

Angst tırs *f* (L15), **~ haben** tırsin, tır-siyan (bıtırse) /intr. (L12), **°~ machen** tırsandın (bıtırsine) /tr. (L14)

anhalten *(intr.)* sek'ınin (bısek'ıne) /intr. (L8), rawestan (ra...weste) /intr. (L20), *(tr.)* sek'ınandın (bısek'ınine) /tr. (L13), *(regional)* dan sek'ınandın (bıde ...) /tr.

ankommen gıhıştın (bıgıhije) /intr. (L15), gıhan (bıgıhe) /intr. (L8)

annehmen qebûl kırın (... bıke) /tr.; pejırandın (bıpejırine) /tr. (L15)

anschalten *(Licht)* vêxıstın (vê...xe) /tr. (L16)

anschwellen werımin (bıwerıme) /intr. (L18)

ansehen nıhêrin/nêrin (bınêre) (lê), mêze kırın (... bıke) (lê) /tr., *(zuschauen)* t'emaşe kırın (... bıke) (lê) /tr. (L8)

anspannen guvaştın (bıguvêşe) /tr. (L11)

anstelle lı şûna (L8)

anstellen xebıtandın (bıxebıtine) /tr.

antreiben *(zum Laufen)* bezandın (bıbezine) /tr. (L15)

Antwort bersiv *f*, cab *f*, cewab *f* (L9)

antworten bersiv dan (... bıde) /tr. (L9), cewab dan (... bıde) /tr.

anziehen lı xwe kırın, (lı xwe [bı]ke) /tr., wergırtın (wer...gıre) /tr. (L8)

anzünden pêxıstın (pê...xe) /tr., vêxıstın (vê...xe) /tr. , dadan (da...de) /tr. (L16/L20)

Apfel sêv *f* (L6)

Apfelsine p'ort'eqal *f* (L6)

Appetit iştiha *f* **Guten ~!** noşi can be! (L9)

Aprikose mışmış *m*, qeyısi *m*, zerdalû *m* (L6)

April Nisan *f* (L10)

Arbeit xebat *f*, k'ar *m* (L15), **~er/-in** k'arker *m+f* (L1), xebatk'ar *m+f*

arbeiten şıxulin (bışıxule) /intr., k'ar kırın (...bıke) /tr., xebıtin (bıxebıte) /intr. (L3/L13), **~ lassen** xebıtandın (bıxebıtine) /tr., şıxulandın (bışıxuline) /tr. (L14)

arbeitslos betal, bêk'ar (L3)

Architekt/-in mimar *m+f (arab.)* (L3)

Ärger hêrs *f*, kerb *f* (L20)

arm *(materiell)* feqir, bêp'ere (L14); *(unglückselig)* belengaz, reben (L11)

Arm çeng *m*, pil *m* (L11)

Armreifen bazın *m* (L11)

Armut bêp'ereyi *f* (L20), feqirbûn

Art *(und Weise)* awa *m* (L20), *(Form)* şıkl *f*

Arznei 'ilac *f*, derman *m* (L15)

Arzt t'axtor, t'ıxtor *m+f* (L7)

Asylsuchender multeci *m+f (arab.)*, p'enaber *m+f (Neol.)* (L14)

Atem bin *f*, bıhn *f* (L11), nefes *f*

atmen nefes standın (bıstine)/ tr., nefes gırtın (bıgre) /tr., bin/bıhn standın/gırtın

Atmosphäre hewa *m* (L4)

Aubergine balcan *m*, balcanê reş (L6)

auch ji *(nachgestellt)* (L1)

auf (lı) ser (L7)

Auf geht´s! *(Ausspruch bei der Abreise)* yallah ya Xwedê! (L16)

auf lı, lı ser, *(begrenzte Räume)* dı ... de (L3)

Auf Wiedersehen *(Gehender)* bı xatrê te (L3), *(Bleibender)* oxır be!

aufatmen bıhna xwe fıreh kırın (... bıke) /tr. (L16)

aufgeben dev (jê) berdan (... ber...de) /tr., derdan (der...de) /tr. (L10)

aufgehen *(Sonne)* hıl(h)atın *(Imp.* hılê, *Präs.* hıltê) /intr. (L20)

aufgeregt bı heyecan (L18)

aufhalten mayin (bımine) /intr. (L3)

aufhängen daleqandın (da...leqine) /tr., dar de kırın (... bıke) /tr. (L19), *(befestigen)* pê ve kırın (... bıke) /tr. (L7)

aufheben rakırın (ra...ke) /tr. (L13), hılkırın (hıl...ke) /tr. (L20)

aufheben rakırın (ra...ke) /tr., rahıştın (ra...hêje) /tr. *(Obj. nachgestellt)* (L11)

Aufmerksamkeit bal *f*, diqet *f (auch als Interjektion)* (L13)

aufpassen bala xwe dan (... bıde) /tr. (L13)

aufräumen k'om/t'op kırın (... bıke) /tr., hılanin (*Imp.* hıline, *Präs.* hıltine) /tr. (L20)

aufregend bı heyecan (L18)

Aufregung heyecan *f* (L18)

aufsetzen *(auf den Kopf)* kırın serê xwe (...bıke) /tr.

aufstehen rabûn (ra...be) /intr. (L8); *(nach dem Schlaf)* jı xew rabûn (ra...be) /intr. (L8)

aufsteigen *(Berg, Treppe)* hılk'ışiyan (hıl...k'ışe) /intr. (L20), *(Fahrrad, Pferd)* sıwar bûn (...bıbe) (lê) /intr. (L12)

auftun têkırın (tê...ke) /tr. (L20)

aufwachen şiyar, ışyar bûn (...bıbe)/intr.

aufzucken *(Blitz)* vedan (ve...de) /tr. (L20)

Auge ç'a'v, ç'av *m* (L9/L11), **~nbraue** bırıh *m*, bıri *m* (L11), **~nwimper** mıjgul *f*, bıjang *f* (L11)

Augenblick dem *f*, ein ~ biskê (L20)

August Tebax *f* (L10)

aus jı (L1)

ausbreiten raxıstın (ra...xe, ra...xine) /tr. (L20)

Auseinandersetzung p'evçûn *f* (< bı hev çûn) (L17)

ausführlich bı dırêji (L14)

Ausgabe mesref *f* (L9)

ausgeben xerc kırın (...bıke) /tr. (L15)

ausgehen *(Licht)* vemırin (ve...mıre) /intr. (L20)

ausgemergelt jar (L15)

ausgießen rıjandın (bırıjine) /intr. (L13)

Auskommen idare *f*, idara malê (L11),

~ **sichern** idare kırın (...bıke) /tr. (L11)

Ausländer bıyani *m+f* (L7)

auslöschen vemırandın (ve...mırine) /tr. (L20)

ausreichen t'êr kırın (L19)

ausreichend bes, hew (L4)

ausruhen *(sich)* bıhna xwe vedan (...ve...de) /tr. (L8), vezeliyan (ve...zele) /intr. (L17)

ausrutschen şemıtin (bışemıte) /intr. (L15)

Aussage ifade *f* (L14)

ausschalten *(Licht)* vemırandın (ve...mırine) /tr. (L20), *(Elektrogeräte)* qepat kırın (... bıke) /tr.

ausscheiden veqetin (ve...qete) /intr.

ausschütteln daweşandın (da...weşine) /tr.

ausschütten *(Flüssigkeit)* rıjandın (bırıjine) /intr. (L13), *(verstreuen)* raweşandın (ra...weşine) /tr. (L20)

aussehen xuya kırın/bûn (L18), **es sieht aus** xuya dıke (L18)

außer jı bıl, jı ... pê ve, xênci (<*arab.* xêr/xeyr jı) (L10/L20)

außerhalb derve, derveyi..., ~ **des Landes** derveyi welêt (L14)

aussteigen peya bûn (... bıbe) /intr. (L7)

aussuchen hılbıjartın (hıl...bıjêre) /tr. (L18)

Ausweg çare *f* (L15)

auswegslos bêçare (L15)

Auto *(PKW)* t'axsi *f*, otomofil *f*, 'erebe *m/f*, tırımbêl *f* (L3)

B
Bach ç'em *m* /obl. ç'êm (L14)

backen pehtın (bıpêje) /tr. (L3)

Bäcker/-in nanpêj *m+f*, nanfıroş *(nur Verkauf)* *m+f* (L3)

Bad destşo *f* (L9), banyo *m*

bald demek paş, demek şûnda

barfuß pêxas

barhäuptig servekıri (L18)

bärtig bı rıh, bı ri (L20)

Bauch zık *m* (L11), ~nabel navık *f*, nêvık *f* (L11)

bauen ava kırın (...bıke) /tr. (L3)

Bauer gundi *m+f* (L14), cotk'ar *m+f*, *(Landarbeiter)* rêncber *m*

Baum dar *f* (L14)

Baumwolle p'embû *m* (L5)

Baustelle avahi *f* (L3), inşaat *f*

bebaut ava (L20)

Bebauung avahi *f* (L3)

Becher qedeh, isk'an *f* (L9)

Bedarf hewcedari *f* (L4)

bedeuten hatın wê/vê ma'nayê; **das bedeutet:** ew tê ve/wê ma'nayê (L19)

Bedeutung ma'ne, ma'na *(arab.)* *f* (L19)

bedürfen hewce bûn (...bıbe) /intr., p'eywist bûn (...bıbe) /intr.

beenden qedandın (bıqedine) /tr., xelas kırın (... bıke) /tr. (L10)

befestigen pê ve kırın (... bıke) /tr. (L7)

befinden *(sich)* ci/ cıh gırtın (...bıgre) /tr. (L10)

befreit rızgar (L2)

Befreiung rızgari *f*

beginnen dest pê kırın (... bıke) /tr. (L8)

Behälter quti *f*, fırax *f* (L9), ~ **für** *(Suffix)* -dan/ -dank *f* (L9)

Behörde meqam *m** (L7)

beide herdu (ji) (L1)

Bein lıng *m*, qor *f* (L11)

beißen gez kırın (...bıke) /tr., vedan (ve...de) (pê) /tr. (L15)

bekommen standın (bıstine) /tr. (L3), wergırtın (wer...gıre) /tr. (L16), k'etın dest (bık'eve...) /intr. (L15)

beleidigen h'ek'aret (lê) kırın (...bıke) /tr. (L14)

Beleidigung h'ek'aret *f* (L14)

bemerken têgıhiştın (tê...gıhije) /intr. (L6)

hemitleiden dılê (k'esi) şewıtin (bışewıte) (pê) /intr.

benutzen xebıtandın (bıxebıtine) /tr. (L14), bı k'ar anin (... bine) /tr. (L9)

Berg çiya *m* (L15), ~wiese zozan *f* (L14)

beruhigen *(Kind)* aş bûn (...bıbe) /intr., *(sich abregen)* bıhna xwe fireh kırın (... bıke) /tr. (L16)

beschäftigen *(sich)* mıjûl bûn (... bıbe) (pê) /intr. (L8)

besiegt bınk'eti ~ **werden** bınk'etın (bın...k'eve) /intr. (L20)

Besitz xwediti *f* (L20), *(Hab und Gut)* mal *m*, ~er xwedi *m+f* (L4)

besonders bı taybeti, nemaze (L15)

besorgt bı meraq (L16)

Besuch seredan *f* (L17), ~er/-in mêvan *m+f* (L9)

besudeln lewıtin (bılewıte) /intr. (L15)

betrachten t'emaşe kırın (... bıke) (lê) /tr. (L8)

Bett *(meistens als Plural verwendet)* nıvin *f* (L7), ~decke lıhêf *f* (L20), ~gestell *(aus Holz)* t'ext *m* (L7), *(aus Metall)* qeryola *f*

beugen *(sich)* daqûl bûn (... bıbe) /intr. (L20)

bevor beri ku *(+ Konj.)* (L10)

bewegen lebıtandın (bılebıtine) /tr. (L11), **sich** ~ lebıtin (bılebıte) /intr. (L11), lıvin (bılıve) /intr. (L20), (xwe) lıvandın (bılıvine) /tr. (L20)

Bewußtsein bir ƒ (L13), hış *m*

bezahlen p'ere dan (...bıde) /tr. (L6)

Bild sûret ƒ (L19), resım ƒ, wêne ƒ *(Neol.)*

billig erzan (L2)

Birne hırmi ƒ (L6)

bis heta(-ni) (bı...), heya(-ni) (bı...) (L10)

bitte! jı k'erema xwe (re), *(beim Überreichen) (Singular)* k'eremke! *(Plural)* k'eremkın! (L2)!

bitten k'erem kırın (... bıke) /tr. (L4), rica/ tıka kırın (... bıke) /tr.

bitten k'erem kırın (... bıke) /tr. (L4), rica/tıka kırın (... bıke) /tr.

Blatt p'el *m* (L14)

blau şin, hêşin (L5)

Blech (-eimer, -topf) t'eneke ƒ (L20)

bleiben man (bımine) /intr. (L3)

Blitz brûsk/bırûsk ƒ (L11/L20)

Blitzen vedana brûskan ƒ (L15), şirqin ƒ (L20), şirqe-şirq ƒ (L20), **es blitzt** brûsk vedıde (L15)

Blume kulilk ƒ, gul ƒ, ~**nverkäufer/-in** gulfıroş *m*+ƒ (L20)

Blut xwin ƒ (L11), ~**druck** t'ansyon ƒ* (L11)

Boden 'erd *m* (L7), ax ƒ

böse p'is (L9), ~ **sein** (über) xeyıdin (bıxeyıde) (jê) /intr. (L17)

Botschaft xeber ƒ, *(frohe)* mızgin ƒ

(L2), *(Auslandsvertretung)* sefaret ƒ *(arab.)*, balyozxane ƒ *(Neol.)*; ~**er/-in** balyoz *m*+ƒ *(Neol.)*, sefir *m (arab.)*

braten braştın (bıbrêje) /tr. (L9)

braun qehweyi (L5)

Braut bûk ƒ (L19)

Bräutigam zava *m*

brechen *(intr.)* şık'estın (bışk'ê) /intr. (L15); *(tr.)* şık'andın (bışk'ine) /tr. (L20)

breit fıreh (L2)

brennen *(Häuser etc.)* şewıtin (bışewıte) /intr. (L14), *(sich entzünden, Feuer fangen)* k'ızırin (bık'ızıre) /intr. (L20), *(Lampe)* vêk'etın (vê...k'eve) /intr. (L20)

Brennholz êzıng *m* (L20)

Brett texte *m*, refik *m* (L7)

Brief name ƒ (L14), ~**kasten** qutiya postê (L16), ~**träger/-in** namebır *(Neol.) m*+ƒ (L14), postaçi *m*+ƒ (L14)

Brille berç'avk *m* (L18)

Brot nan *m* /obl. nin (L3) ~**bäcker** nanpêj (L20), ~**verkäufer/-in** nanfıroş *m*+ƒ (L20)

Bruder bıra *m* (L2), ~**kind** brazi *m*+ƒ (L15)

Brüderlichkeit bırati ƒ

Brust çiçık ƒ (L11), pêşir ƒ (L20), sing *m*

brutto brut (L15)

Buch k'ıtêb ƒ (L7), pırtûk ƒ *(Neol.)* (L7)

Bundesrepublik Deutschland Elmanya Fêdêral (L2)

bunt rengareng, rengdar (L5)

Bus otoboz ƒ (L10)

Butter rûn *m* (L6)

C

Café qehwexane *f* (L10)

Cousin *(väterlicherseits)* pısmam *m* *(auch Anrede bei gleichaltrigen fremden Männern)* (L10), kurap *m* (L17), *(mütterlicherseits, Sohn des Mutterbruders)* pısxal/ kurxal *m*

Cousine *(väterlicherseits)* dotmam *f* (L5), keça ap, *(mütterlicherseits)* keça xal

D

da¹ *(örtl.)* wır/wıra, ~ **bitte!** *(beim Überreichen)* ha jı te ra! (L4)

da² *(kausal)* jı ber ku (L4/L6)

daher jı ber vê yekê (L6), loma (L4/L19)

damit da ku (+ *Konj.*) (L9)

danach dûra (<dû wi re) (L7), paşê (L8/L11), pıştra (L8), şûnda (L8)

danke! spas/ zor spas (L3), *(bei Frage nach Befinden)* canê te sax be! (L4), Xwedê jı te razi be (L3), berxwedar be (L3), sıhat xweş (L3)

dann paşê (L8), *(folglich)* vêca, hıngê (L3), *(diesmal)* icar (L12)

darbieten pêşkêş kırın (...bıke) /tr. (L19)

Darm rêvi *m* (L11)

das ew, ~ **da!** va (L3)

daß *(Nebensatzeinleitung)* ku (L6)

Demonstration meş *f*

denken fıkırin (bıfıkıre) (pê) /intr. (L6), **sich ~, daß ...** *(Einleitung eines indirekten Fragesatzes)* gotın qey (L16)

dennoch disa ji (L4)

deshalb jı ber vê yekê (L6), loma (L4/L19), lewra

Deutscher, Deutsche elman (L1)

Dezember Çıleyê Pêşin (L10)

Dialekt zar *m*, zarav *f* (L19)

dicht gur (L20)

Dichter/-in hozan *m*+*f* (L19)

Dichtkunst hozani *f* (L19)

dick *(Gegenstände)* qalınd (L20), *(Lebewesen)* qelew (L4)

Dieb dız *m*+*f* (L14)

Diener xulam *m*+*f* (L14)

Dienstag sêşem *f* (L6)

diese/-r/-s (Sg.), **diese** (Pl.) ev (L1), Obliquus: (Sg.) vi/vê (Pl.) van

diesmal icar (L9)

Ding tışt *m* (L5)

Direktor mıdûr *m*+*f (arab.)* (L19)

Diyarbakır (Antik: Amida) Amed *f* (L1)

doch belê (L1)

Docht fitil *f* (L20)

Dolmusch minibûs *f* (L10)

Donnern gıre-gır *f* (L15)

Donnerstag pêncşem *f* (L6)

Dorf gund *m* (L1), **~bewohner** gundi *m*+*f* (L5)

dörflich, Dorf- gundi (L5)

Dorfvorsteher muxt'ar *m* /obl. muxt'êr (L15)

dort wır, wıra; ewder *f* /obl. wêderê (L4)

Dose quti *f* (L9)

Drache zıha *m* (L20), **Papier~** fırfırok *f* (r=rr!)

Draht têl *f*

draußen lı derva (L3)

dreckig gemar, qılêr, p'is (L9), qerêj/ qırêj (L19)

drehen gerandın (bıgerine) /tr. (r=rr)
(L14), zıvırandın (bızıvırine) /tr., **sich
~** zıvırin (bızıvıre) /intr. (L14)
drei sê, sısê
dreizehn sêzdeh
Dreschmaschine patoz f (L14)
drücken *(zusammen~)* guvaştın (bıguvêşe) /tr. (L11), *(Knopf etc.)* dewısan-
dın (bıdewsine) /tr.
du tu (L1), **~ sagst es!** xebera te ye!
(L8)
dunkel tari (L15)
dünn zırav (L4), lawaz (L4), reqele
(L4), *(Gegenstände)* pehn, tenık
durcheinander t'ev-lı-hev (L9), *(fig.)*
p'erişan (L20)
durchhalten berxwedan (berxwe...de)
/tr.
durchsieben dakırın (da...ke) /tr. (L20)
durstig t'i (L1)

E
echt rastin
Ecke enişk f(L7), qorzi f(L20), quncık
f(L7)
egal ferq nake (L10)
Ehefrau jın f(L1), xêzan f(L9)
ehemalig kevın, kevn (L2)
Ehemann mêr m, zılam /obl. zılêm
(L1/L11)
Ehre paye f
ehrlich! bı Xwedê!, Weleh! (L8)
ehrwürdig payebılınd (L19)
Ei hêk f(L3)
Eid sond f
Eigentum xwediti f(L20), mal m
Eigentümer xwedi m+f(L4)
eilig bı lez (L15/L18)

ein yek, *Endung:* -ek **~ wenig** h'ebki,
h'ebıki (L7), hındık (L8), **~ Augenblick** biskê (L20)
einander hev, hevdu (L9)
einfach sade (L19)
einfallen hatın bira k'esi (bê/were ...)
/ıntr.
Eingeweide ûr m, hındır m (L11)
einige çend, hın (L1/L4)
Einkommen me'aş m (L15)
einladen dawet kırın (...bıke) /tr.,
vexwendın (ve...xwine) /tr. (L20)
einmal carek, carekê (L18)
eins yek
einsteigen sıwar bûn (...bıbe) (lê) /intr.
(L12)
einstellen *(Arbeit)* xebıtandın (bıxebıtine) /tr.
einstürzen hılweşiyan (hıl...weşe)
/intr. (L20), **~ lassen** hılweşandın
(hıl...weşine) /tr. (L20)
eintreten k'etın hundır (bık'eve...)
/intr. (L4), têk'etın (tê...k'eve) /intr.
(L20)
eintun *(Essen)* têkırın (tê...ke) /tr.
(L20)
einverstanden razi (L4)
einwickeln pêçan (bıpêçe) /tr. (L20)
Eis qeşa f, *(Speise~)* dondırme f *(türk.)*,
besteni f
Eisen h'esın m (L13), **~bahn** trên f
(L10)
ekelhaft p'is (L9)
elf yanzdeh
Ellenbogen enişka çeng (L11), henışk
f(L11)
empfehlen pışnihat kırın (... bıke) /tr.,
t'eklif kırın (... bıke) /tr.

Empfehlung t'eklif *f*, pêşnihat *f (Neol.)* (L4)

Ende dawi *f* (L3), xelasi, **zu ~ gehen** qediyan (bıqede) /intr. (L8), hatın dawi (... bê/were) /intr.

enden qediyan (bıqede) /intr. (L8), hatın dawi (... bê/were) /intr.

eng teng (L11)

England İngılistan *f* (L3)

Engländer/-in ingıliz (L3)

englisch ingılizi (L3)

entbinden zayin (bızê) /intr., anin dınê (bine ...) /tr.

Ente werdek *m*

entführen revandın (bırevine) /tr. (L14)

entgegennehmen standın (bıstine) /tr. (L3), wergırtın (wer...gıre) /tr. (L16)

entkommen felıtin (bıfelıte) /intr. (L14)

entladen dakırın (da...ke) /tr. (L20)

entlassen derxıstın (der...xe, der...xine) /tr. (L9/L20), jı k'ar avêtın (... bavêje) /tr.

Entschluß qerar, bıryar *(Neol.) f* (L17), **~ fassen** qerar/ bıryar dan (...bıde) /tr. (L17)

Entschuldigung! (lı mın) bıbore (L7), bıbexşine, bıbexşının (L7)

entsinnen *(sich)* anin birê (bine ...) /tr.; bir bırın (... bıbe) /tr. (L20)

entsprechend jı ... ve; gora, (lı) gor *(von türk. göre)* (L15)

entstehen çêbûn (çêbıbe) /intr. (L5)

entweder ... oder an ... an ji (L7)

entwickeln pêşve bırın (... bıbe) /tr. (L19)

er ew (L1), **~ ist gut in der Schule**

dersên wi baş ın (L10)

Erde ax *f*, erd *m**

ereign/en *(sich)* hatın serê k'esi (bê/were) /intr., °~ıs serpêhati *f*

Erfolg serk'etın *f* (L19), **~ haben** serk'etın (ser...k'eve) /intr. (L19)

ergeben *(sich)* t'eslim bûn (...be) /intr.

Ergebnis dawi *f* (L19)

ergreifen gırtın (bıgre) /tr. (L8), dest avêtın (L19), rahıştın (ra...hêje) *(Objekt nachgestellt)*/tr. (L15)

erinnern *(sich)* hatın bira (k'esi) (bê/were...) /intr. (L10)

Erinnerung bir *f* (L13)

erkälten *(sich)* serma gırtın (...bıgre) /tr.

erkennbar xuya (L15)

erkennen nas kırın (... bıke) /tr. (L4)

erklären raber kırın (... bıke) /tr., salox dan (... bıde) /tr.

Erklärung raberi *f*, salox *f*

erlangen bı dest xıstın (... bıx(in)e) /tr. (L19)

erlauben hiştın (bıhêle) /tr. (L17), destûr dan (... bıde) /tr. (L11)

Erlaubnis destûr *f* (L11), izn *f* (L16)

erlöschen vemırin (ve...mıre) /intr. (L20)

Erlösung xelasi *f* (L20)

ermüden betılin (bıbetıle) /intr. (L17), westiyan (bıweste) /intr.

erregen *(sich)* lıvin (bılıve) /intr. (L20), *(Aufmerksamkeit)* bala k'esi k'ışandın (...bık'şine) /tr.

erreichen *(erlangen)* bı dest xıstın (... bıx(in)e) /tr. (L19), *(ankommen)* gıhiştın (bıgıhije) /intr. (L15), gıhan (bıgıhe) /intr. (L8)

errichten ava kırın (...bıke) /tr. (L3), saz kırın (...bıke) /tr.

erstaunt şaş (L20), ecêbmayi

erste/ -r/ -s pêşin (L16)

erwidern vegerandın (ve...gerine) /tr. (L20)

Erzählung ç'irok *f* (L9)

es ew

essen xwarın (bıxwe) /tr. (L3), °~xurek *f* (L17), xwarın *f, (Brot)* nan *m* /obl. nin (L3)

etwas hınek, hıneki (L3), hındık (L8)

Europa Ewrûpa *f* (L16)

explodieren teqiyan (bıteqe) /intr., ~ **lassen** teqandın (bıteqine) /tr.

F

Fabrik fabrıqa *f* (L7)

Fach *(Studium)* fesl *f; (Schub~)* ç'a'v, ç'av *m* (L9/L11)

fahren çûn/ çuyin (bıçe/here) (pê) /intr. (L6)

Fahrer/-in şofêr *m+f* (L17)

Fahrkarte bilêt *f* (L10)

fallen k'etın (bık'eve) /intr. (L10), *(Regen)* barin (bıbare) /intr., *(Schnee)* da-hatın (da...were) /intr.

falsch ne rast, şas, *(gefälscht)* sexte (L14)

Familie mal *f* (L1), malbat *f (Neol.)* (L19)

Farbe reng *m* (L5)

farbig rengareng, rengdar (L5)

faul t'embel (L14)

Faust kulm *f* (L20), mıst *m*

Februar Sıbat *f* (L10)

fegen malıştın (bımale) /tr. (L8)

Feige h'ejir *m* (L6)

fein hûr, sıvık (L19), *(fig.)* nazık (L19)

Feind/-in dıjmın *m+f* (L9), neyar *m+f*

Feld zevi *f* (L7), 'erd *m*

Fels zınar *f*, ~**brocken** tûtık *f* (L20)

Fenster şebake *f** (L7), p'encere *f** (L7)

Ferien betlane *f* (L17), t'atil *f* (L10)

fern dûr (L7), °~e dûrahi *f* (L20), °~e/ °~sein dûri *f* (L16)

Fernseher t'elefizyon *f* (L4)

feucht hêwi (L2)

Feuer agır *m* /obl. êgır (L20)

Feuerwehr itfaye *f* (L15)

Feuerzeug heste *m* (L20)

Film filim, film *f* (L12)

finden ditın (bıbine) /tr. (L3)

Finger tılıh *f*, bêçi *m* (L11)

Fingernagel nênık *f*, neynûk *f* (L11)

Fisch masi *m*

flach nızm, *(platt)* pehn (L4)

Flamme alawi *f* (L20)

Flasche şûşe *f* (L20)

Fleisch goşt *m* (L3)

fleißig jêhati (L8)

fliegen firin (bıfıre) (r=rr) /intr. (L16)

fliehen revin/reviyan (bıreve) /intr., bazdan (baz...de) /tr., *(entwischen)* felıtin (bıfelıte) /intr. (L14)

fließen rıjin/rıjiyan (bırıje) /intr. (L13), herıkin (bıherıke) /intr. (L20)

Flucht rev *f* (L14), **zur ~ verhelfen** revandın (bırevine) /tr. (L14)

Flüchtling multeci *m+f (arab.)*, p'en-aber *m+f (Neol.)* (L14)

Flugzeug teyare *f**, balafır *(Neol.) f* (L7)

Fluß ç'em *m* /obl. ç'êm (L14)

flüstern pıstandın (bıpıstine) /tr., ~**d** bı

pıstini (L20)
folgendermaßen weha (L17)
folgendermaßen wıha (L4), weha (L9)
folglich hıngê, vêca (L3)
Folter êşk'ence *f* (L14)
Form şıkl *f, (Haltung)* qıdûm *m* (L20)
fortgehen revin/ reviyan (bıreve) /intr.
(L10), bazdan (baz...de) /tr.
fortsetzen domandın (bıdomine) /tr.
(L10), berdewam kırın (... bıke) /tr.
Frage pırs *f* (L6), pırsıyar *f* (L19)
fragen pırsin (bıpırse) (jê) /tr. (L6)
Frankreich Frense *f* (L3)
Franzose, Französin frensız (L3)
Frau jın *f*, jınık *f*, pirek *f* (L1)
frei azad, rızgar (L2), serbest, serbıxwe
Freiheit azadi *f* (L1), serbesti *f*,
~**skämpfer** pêşmerge *m* (L14)
Freitag in *m* (L6)
fremd bıyani, xerib *(arab.)* (L7)
Fremde xeribi *f*, **der/die** ~ bıyani, xerib
m+f (L7)
Freude k'êfxweşi *f*, şahi *f* (L16)
Freund/-in heval *m+f* (L1), ~**schaft**
hevalti *f* (L20)
freundlich devbık'en (L16), dılovan
frieren qefilin (bıqefile) /intr. (L14),
qerısin (bıqerıse) (r=rr) /intr., *(zu Eis
werden)* cemıdin (bıcemıde) /intr., qeşa
gırtın (bıgre) /tr., ~ **lassen** qefilandın
(bıqefiline) /tr., qerısandın (bıqerısine)
/tr. (L14)
frisch t'eze (L4)
froh şa, dılşa(d), k'êfxweş, ~**sein/wer-
den** şabûn (şa...be) (pê) /intr. (L6)
fröhlich k'êfxweş, dılşa(d) (L10),
(Adv.) bı dılxweşi (L15)
früh zû (L8), ~ **am Morgen** sıb(eh)ê zû

früher pêşi (L6), berê (L4)
Frühjahr bıhar/buhar *f* (L14)
Frühstück t'aştê *f* (L8), °~**en** t'aştê
xwarın (... bıxwe) /tr. (L8)
Fuchs rovi *m* (L19)
führen rêberi kırın (...bıke) /tr., ajotın
(bajo) /tr. (L11)
Führung raberi *f*, rêberi *f*
füllen t'ıji kırın (...bıke) /tr., dagırtın
(da...gıre) /tr. (L9)
fünf pênc
fünfzehn panzdeh
fünfzig pênci
für jı bo(-na) (L6)
Furcht tırs *f*, xof *f*
fürchten *(sich)* tırsin, tırsiyan (bıtırse)
/intr. (L12)
fürwahr bı rasti (L8)
Fuß pê *m* (L11), **zu** ~ bı lıngan, peya
(L7), **zu** ~ **gehen** meşin (bımeşe) /intr.
(L14)
Fußball futbol *f** (L9)
Fußgelenk guzık/ guzek/ gwêzek *f*
(L11)

G

Gabel çetel *f* (L9)
Gans qaz *f*
ganz t'am (L16)
gar nichts t'u tışt (L9)
Garten bexçe *f* (L15)
Gast mêvan *m+f* (L9), ~**geber/-in** mazûvan *m+f* (L9)
gebären zayin (bızê) /intr., anin dınê
(bine ...) /tr.
Gebärmutter malzarok *m* (L11), şûna
zaroyê (L11)
Gebäude xani *m* /obl. xêni; avahi *f* (L3)

geben dan/ dayin (bıde) /tr. (L6)

gebildet xwenda/ xwende/ xwendi (L16), ronakbir *(Neol.)* (L18)

gebildet zana (L16)

geblümt bı kulilk, guldar (L5)

geboren çêbûyi; hatiye dınê, **~werden** çêbûn (çê...be) /intr.; jı dayka xwe bûn (bıbe) /intr. (L14); hatın dınê (bê/were) /intr. (L14)

Gebühr mesref f (L9)

Geburt zayin f; **vor/nach Christi ~** beri/pışti zayinê

Gedächtnis bir f (L13)

gefallen çûn xweşiya k'esi (bıçe/here) /intr.

gefälscht sexte (L14)

Gefängnis gırtixane f, h'epıs(-xane) f (L14)

Gefäß quti f, fırax f (L9), **~ für** *(Suffix)* -dan/ -dank f (L9)

gefrieren qeşa gırtın (bıgre /tr., cemıdin (bıcemıde) /intr.

gegen dıji

Gegend der f, dever f (L19)

gegenseitig hev, hevdu (L9)

gegenüber mıqabıl *(arab.)* m (L7), hember m (L7)

gehen çûn/ çuyin (bıçe/here) /intr. (L6), meşiyan (bımeşe) /intr.

gekränkt (sein über) xeyıdin (bıxeyıde) (jê) /intr. (L17)

gelb zer (L5)

Geld p'ere m *(Koll.)* (L3), **~losigkeit** bêp'ereyi f (L20), °**~los** bêp'ere (L20)

Gelehrte/-r xwendewar $m+f$, birewer $m+f$ (L19)

gemäß jı ...ve; *(von türk. göre)* gora, (lı) gor (L15)

Gemeinschaft cıvat f (L19)

Gendarm cenderme m (L12)

genug bes, hew (L4)

genügen t'êr kırın (L19), **es genügt mir** t'êra mın dıke

geradeaus rasterast (L7)

Geratter tıqe-tıq f (L13)

geräumig fıreh (L2)

Geräusch deng m (L16)

Gerste ceh m (L6)

Geruch bin f, bıhn f (L11)

Gesamtheit t'evahi, t'evayi f (L19)

Geschäft dık'an f (L3) **~sviertel** sûk f (L3)

Geschenk diyari f, xelat f (L11)

Geschichte ç'irok f (L9), **~nerzähler/-in** ç'irokbêj $m+f$ (L20)

geschickt jêhati (L8)

Geschirr fırax f (L9)

Geschoß qat f* (L7)

Gesellschaft cıvat f (L19)

Gesetz qanûn f, zagon *(Neol.)* f (L15)

Gesicht rû m (L11)

gestern do, duh (L12/L18)

gestört aciz, **~ werden** aciz bûn (...bıbe) /intr. (L17)

gesund baş (L3), xweş, reh'et (L12)

Gesundheit xweşi f, reh'eti f, sıhat m

Gewehr t'ıfıng f, t'ıvıng f (L14)

gewinnen *(verdienen)* qezenc kırın (... bıke) /tr., *(siegen)* serk'etın (ser...k'eve) /intr. (L19)

gewiß belê (L1), helbet (ji) (L10)

Gewissen ûcdan f (L20)

glänzend geş (L19)

Glas qedeh, iskan f (L9)

Glaube baweri f

glauben bawer kırın (...bıke) /tr. (L4)

gläubig dindar (L18)

gleich[1] *(Adv.)* hema (L18)

gleich[2] *(Adj.)* wekhev, °**~heit** wekhevi *f*

gleichsam *(in Form von)* wek, weki (L4)

Glück k'êfxweşi *f*, şahi *f* (L16); şans *m*

glücklich geş (L19), dılxweş, k'êfxweş

Gold zêr *m* (L14), **~schmied** zêrker *m* (L20), °**~en** zêrin

Gott Xwedê *m* (L4), **~ behüte!** Xwedê bıparêze! (L4), **~ sei Dank!** şıkr jı Xwedê re! (L8), **bei ~!** *(Schwur)* bı Xwedê (L11)

Granatapfel hınar *m* (L6)

grasen çêran (bıçêre) /intr. (L14), **~ lassen** çêrandın (bıçêrine) /tr. (L14)

Grenze sinor *f*, hıdûd *f* (L10)

Griech/e, Griech/in yunani (L3), **~nland** Yunanistan *f* (L3), **~isch** yunani (L3)

grob gır

groß mezın (L1)

Größe mezınahi *f* (L20)

Großgrundbesitzer axa *m*; beg *m* (L14)

Großmutter pirık *f* (L2), dapir *f* (L2)

Großvater kalık *m* (L2), bapir *m* (L2)

Grün hêşınahi *f* (L15)

grün k'esk (L5), *(Pflanzenfarbe)* hêşin (L7)

Grundschule dıbıstana destpêkê (L16), dıbıstana pêşin *(Neol.)* (L19)

Gruppe k'om *f* (L19)

Gruß sılav *f* (L3), **schöne Grüße!** sılavan bıbêje! (L3)

gültig sein derbas bûn (...bıbe) /intr. (L6)

Gummi lastik *f* (L5)

Gurke xıyar *m*, tirozi *f* (L6)

gut baş (L3), qenc (L4), çê, **~en Tag!** Rojbaş!, **~en Abend!** Êvar baş, **~e Nacht!** Şev baş! **~en Appetit!** Noşi can be!

H

Haare p'or *m* (L11)

Hahn dik *m* (L5)

halb niv *m* (L7)

Hälfte niv *m* (L7)

Hals qırık *f*, gevri *f* (L11), **~band** sancûl *f* (L16), **~kette** zıncir *f*

Hand dest *m* (L11), **~gelenk** bazın *m* (L11), mofika dest (L11), **~voll** kulm *f* (L20), mıst *m*

hart hışk (L15)

häßlich zışt, çırkin

Haufen lod *f*

Haupt ser *m*, **~stadt** serbajar *m*, paytaxt *m*

Hauptmahlzeit fıravin *f*

Haus mal *f* (L1), xani *m* /obl. xêni (L3), **~gemeinschaft** mali *f* (L17), **~herr** xwediyê malê; *(Gastgeber)* mazûvan *m*+*f* (L9)

Haut ç'erm *m* (L5/L11)

heftig xurt (L15), **~er** xurtır (< xurttır) (L20)

heilen *(intr.)* xweş bûn (... bıbe) /intr., *(tr.)* xweş kırın (...bıke) /tr.

Heilmittel derman *m* (L15)

Heimat welat *m* /obl. welêt (L2)

Heirat zewac *f* (L18)

heiraten zewıcin (bızewıce) /intr. (L10)

heiser deng k'eti, **~ werden** deng

k'etın (... bık'eve) /intr. (L20)

heiß germ (L4)

heißen navê *(+Poss.)* ... bûn; **das heißt:** ew tê ve/wê ma'nayê (L19)

Held mêrxas *m*, gernas *m*, °~**enhaft** gernas *m* (L19)

helfen alik'ari kırın (...bıke) /tr. (L3)

hell rohni, roni (L20), °~**igkeit** ronahi *f* (L20)

Hemd işlıg *m*, kıras *m* (L5)

Henne mırişk *f* (L4)

herabfallen dak'etın (da...k'eve) /intr., *(Blätter)* weşin (bıweşe) /intr. (L14)

herabnehmen daxıstın (da...xe, da...xine) /tr. (L20)

herabsteigen dak'etın (da...k'eve) /intr. (L20)

heraus der, derve

herausbringen deranin (*Imp.* derine, *Präs.* dertine) /tr. (L20)

herausholen derxıstın (der...xe, der...xine) /tr. (L9/L20)

herauskommen derk'etın (der...k'eve) /intr. (L8)

herausnehmen derxıstın (der...xe, der...xine) /tr. (L9), deranin (*Imp.* derine, *Präs.* dertine) /tr. (L20)

herausragend taybeti

herbeirufen vexwendın (ve...xwine) /tr. (L20)

herbringen anin (*Imp.* bine *Präs.:* tine) /tr. (L9)

Herbst payiz *f* (L14)

Herd ocax *f** (L7)

Herr beg *m* (L11)

herstellen çêkırın (çê...ke) /tr. (L3)

herumlaufen geriyan (bıgere) /intr. (r=rr) (L3)

Herz dıl *m* (L5/L11), **mit brennendem** ~**en** bı dılşewati (L20)

heulen *(weinen)* giriyan (bıgri) /intr., *(Wölfe)* lirin (bılire) /intr. (L15)

heute iro (L6)

hier vır, vıra, *(dieser Ort)* evder *f* /obl. vêderê (L4), ~**hin und dorthin** vır de û wê de (L20)

Hilfe alik'ari *f* (L9)

Himmel esman *m* /obl. esmên (L15), asman *m* /obl. asmên (L20)

hinaus der (L20)

hinausgehen derk'etın (der...k'eve) /intr. (L8)

hinauswerfen derkırın (der...ke) /tr. (L20), avêtın der (bavêje ...) /tr.

hinbringen bırın (bıbe) /tr. (L8)

hindurch dı ... ra, dı ... re (L16)

hineingehen k'etın hundır (bık'eve...) /intr. (L4), têk'etın (tê...k'eve) /intr. (L20)

hinlangen dest avêtın (L19)

hinlegen raxıstın (ra...xe, ra...xine) /tr. (L20), **sich** ~ xwe dırêj kırın (... bıke) /tr., vezeliyan (ve...zele) /intr. (L17), rak'etın (ra...k'eve) /intr.

hinten paş *m* (L7)

hinunterkommen dahatın (*Imp.* dawere, *Präs.* datê) /intr. (L20)

Hirse garıs *f* (L6)

Hirte şıvan/ obl.şıvên *m* (L13)

Hitze germi *f*, germahi *f* (L20)

hoch bılınd (L3)

Hochachtung rûmet *f*

hochgradig payebılınd (L19)

Hochhaus ap'artman *m/f* (L17)

hochheben rakırın (ra...ke) /tr. (L13), hılkırın (hıl...ke) /tr. (L20), hıldan (hıl...de) /tr. (L20)

hochklettern hılk'ışiyan (hıl...k'ışe) /intr. (L20)

Hochschule mek't'eba bılınd (L3), zaningeh, zanıstgeh *(Neol.)f* (L3)

hochwertig bı rûmet, bı nırx, rûmetgıran (L19)

Hochzeit dawet *f* (L10)

hochziehen hılk'ışandın (hıl...k'ışine) /tr. (L20)

Hoden hêlık *m*

Hoffnung hêvi *f* (L14)

höflich nazık (L19)

Höhle şık'eft *f* (L14)

holen anin (*Imp.* bine *Präs.:* tine) /tr. (L9)

Holz(-stück) texte *m*, dar *f* (L20)

Honig hungıv *m* (L9), **~melone** patêx *f,* kelek *f* (L6)

Honigmelone kelek *f* (L6)

hören bıhistın (bıbıhise) /tr. (L15), **auf jemanden ~** guh dan (...bıde) /tr. (L17), **zu~/an~** guhdari kırın (...bıke) /tr. (L11)

Hose şal *m* (L5), *(europäischer Schnitt)* p'antol, p'antor *m* (L5)

hübsch xweş, xweşık (L5), spehi (L20), *(reg.)* cıwan (L1)

Hufschmied nalbend *m* (L20)

Huhn mırişk *f* (L4)

Hund k'ûçık *m* (L14), se *m* (L15)

hundert sed

Hunger bırçiti *f* (L20)

hungrig bırçi (L1)

I

ich ez (L1)

ihr hûn, hon (L1)

immer hergav (L4), herdem (L16), t'ımi, her (L8) (L16), **~wenn** her ku *(+ Ind.)* (L10)

in lı, *(begrenzte Räume)* dı ... de (L3)

Industrie san'ayi *f* (L19)

Ingenieur/-in muhendıs *m+f* (L2)

Innenraum hundır *m* (L4)

Innerei ûr *m*, hındır *m* (L11)

Inneres nav *f* (L7)

insgesamt bı t'evahi (L19)

insgesamt t'evda (<dı hev da) (L4)

intellektuell ronakbir, rewşenbir *(Neol.)* (L18)

interessant ent'eresan, balk'eş *(Neol.)* (L12)

Interesse bal *f* (L13)

interessieren bal(-a k'esi) k'ışandın (...bık'şine) /tr.

irren *(sich)* xwe şaş kırın (...bıke) /tr.

Istanbul Stembol *f* (L12)

Italien İtalya *f* (L3)

Italiener/-in itali (L3)

italienisch itali (L3)

J

ja erê, belê (L1), **~wirklich!** erê weleh! (L8)

Jacke çak'êt *m* (L5)

Jagd nêç'ir *f* (L16)

Jagdhund taji *f* (L16)

Jahr sal *f* (L1), **~e alt** sali (L1), **~e alt werden** k'etın ... saliya xwe/intr. (L10), **~ Jahr** sala par (L18), **nächstes ~** sala ku bê (L18)

jährig sali (L1)

Januar Çıleyê Paşin (L10)

je mehr hıngi ku (L17)

jede/-r/-s her (L8)

jeder(-mann) herk'es (L8)

jemand k'es *m* (L4)

jene/-r/-s (Sg.), **jene** (3.Pers.Pl.) ew (L1)

jetzt nıha (L3)

Joghurt mast *m*/ obl. mêst (L6), **verdünnter** ~ *(fetthaltig)* çeqılmast *m* (L6), **verdünnter** ~ *(mager)* dew *m* (L6)

Juli Tırmeh *f* (L10)

jung cıwan (L1)

Junge kurık *m* (r=rr), lawık *m* (L2)

Jüngling xort *m* (L13)

Juni H'eziran *f* (L10)

Juwel cewahır *m* (L19)

K

Kaffee qehwe *f* (L5), **~haus** qehwexane *f* (L10)

kalt sar (L4)

Kälte serma *f* (L10), seqem *f* (L20)

Kampf şer *m* (L17)

Kapitulation t'eslim *f*

kapitulieren t'eslim bûn (...be) /intr.

kaputt xırab (L11)

kaputt xırab, şıkesti **~gehen** xırab bûn (bıbe) /intr. (L11)

Kartoffel k'artol *f* (L6), patata *m* (L6)

Käse penir *m* (L4)

Katze pışik *m* (L17), pısing *m* (L17)

kaufen k'ırin (bık'ıre) /tr. (r=rr) (L4), hılgırtn (hıl...gıre) /tr. (L20)

Kelle bêr, bênık *f*

kennen(-lernen) nas kırın (... bıke) /tr. (L4)

Kenntnis xeber *f*, hay *f* (L18)

Kienholz çıra *f* (L19)

Kilometer k'ilometre *f* (L15)

Kind zaro(-k) *m* (L1)

Kinn zeni *f*, çen *f* (L11)

Kino sinema *f** (L7)

Klasse sınıf *f* (L9)

Kleid fistan *f*, kıras *m* (L5)(L5)

Kleidung k'ınc, cıl *m* (L5), *(regional)* çek *m* (L14), **~ und dergleichen** k'ıncmınc *m* (L8)

klein bıçûk (L1), pıçûk (L1)

Kleinbus minibûs *f* (L10)

Kleinvieh pez *m* /obl. pêz (L14)

klettern hılk'ışiyan (hıl...k'ışe) /intr. (L20), rap'elıkin (ra...p'elıke) /intr.

Klima hewa *m* (L4), ıqlim *f*

klug jir (L19)

Knie kabok *f*, çok *f* (L11), **~scheibe** qomık (L20)

knirschen *(Zähne)* qırıçandın (bıqırıçine) /tr. (L20)

Knoblauch sir *m* (L6)

Knochen hesti *m* (L11)

kochen *(sieden)* k'eliyan (bık'ele) /intr. (L9), *(zum Sieden bringen)* k'elandın (bık'eline) /tr. (L9), (Essen bereiten) pehtın (bıpêje) /tr. (L3)

Koffer çente *m* (L7)

kommen hatın (bê/ were) /intr. (L3)

können *(Modalverb)* karin (bıkare), kanin (bıkane) /tr. (L9), *(z.B. Sprache)* zanin (bızane) (pê) (neg.: nızane) /tr. (L5/L6)

Kopf ser, seri *m* (L7)

Kopftuch destmal *f*, ~ **tragen** ser gırêdan (gırê...de) /tr. (L18)

Korb melkeb *f* (L9)

Körper laş *m*, bejn *f* (L19)

krank nexweş (L4), ~ **werden** nexweş k'etın (...bık'eve) /intr. (L4), °**~enhaus**

nexweşxane *f*, xestexane *f* (L9), °~en-
schwester hemşire *f* (L13), °~enwagen
ambûlans *f* (L15)
Krieg ceng *m*, h'erb *f*
Krug kûz *f* (L20), cer *f*
Küche mıtfax *f* (L9), aşxane *f*
Kuckuck pepûk (L20)
Kuh mange *f*, çêlek *f* (L6), ~hirt gavan
m (L20)
Kuhle qurtık *f*
Kummer xem *f*, derd *m* (L15), k'eser
m (L20), *(Beunruhigung)* tatêl *f* (L15),
meraq *f* (L16), ~ **haben** xem xwarın
(...bıxwe) /tr. (L17)
Kürbis kundır *m* (L6)
Kurd/e, Kurd/in k'urd (L1), kurmanc,
°~isch *(Sprache)* k'urdi, kurmanci
kurz k'urt, kın (L5)
kürzlich t'eze (L4)
küssen maç/paç kırın (... bıke) /tr.,
ramûsan (ra...mûse) /intr., çûn rûyê
k'esi (bıçe ...) /intr. (L17)

L
lachen k'enin (bık'ene) (pê) /intr.
(L10)
Laden dık'an *f* (L3)
Lage h'al *m*, rewş *f* (L14)
lähmen felc kırın (... bıke) /tr. (L11)
Lamm berx(ık) (L4)
Lampe lampe *m+f** (L7)
Land welat *m* /obl. welêt (L2)
lang dırêj (L5), **schon ~e, seit ~em** jı
zû ve (L16)
Länge dırêjahi *f* (L20)
langsam hêdi (L11), **ganz ~** hêdi hêdi
(L18)
lassen hiştın (bıhêle) /tr. (L11), berdan

(ber...de) /tr.
Last bar *m* (L11)
Lauchzwiebel pivazterık *f* (L6)
laufen bezin, beziyan (bıbeze) /intr.
(L14)
laut bıdeng, bı dengê bılınd, *(laute
Menschenmenge)* qerebelıx *f*
Laut deng *m* (L16)
leben jiyan, jin (bıji) /intr. (L8), **~ lassen** vejandın (ve...jine) (L19)
Leber kezeb *f* (L11)
Leder ç'erm *m* (L5/L11), °~n ç'ermin
(L5)
leer vala (L8)
legen danin (*Imp.* dayne/deyne, *Präs.*
datine) /tr. (L9)
lehren ders dan (...bıde) /tr. (L3),
'elımandın (bı'elımine) /tr.
lehren hin kırın (...bıke) /tr. (L11)
Lehrer-/in mamoste *m+f* (L1)
Leibeigener xulam *m+f* (L14)
leicht bı hêsani (L17)
leicht hêsan (L8), bı hêsani, sıvık
(L19), °~igkeit hêsani *f* (L8)
Leid derd *m* (L5), k'eser *m* (L20)
leider mıxabın *(Neol.)* (L9)
leihen deyn kırın (... bıke) /tr. (L20),
(jdm. etwas) deyn dan/dayin (bıde) /tr.
leise bêdeng, hêdi, **ganz ~** hêdi hêdi
(L18)
leiten rêberi kırın (...bıke) /tr.
Leiter sêlım *f* (L20)
Leitung raberi *f*, rêberi *f*, idare *f (arab.)*
Lektion ders *f* (L8)
lenken ajotın (bajo) /tr. (L11)
lernen hin bûn (...bıbe)/ intr. (L3),
'elımin (bıelıme) /intr.
lesen xwendın (bıxwine) /tr. (L3)

leuchten bırıqin (bıbırıqe) /intr., *(Lampe)* vêk'etın (vê...k'eve) /intr. (L20)
leuchtend geş (L19)
Leute mırov *m*, menıv *m* (L15)
Licht ronahi *f* (L20), tirêj *m*, *(Keinholz)* çıra *f* (L19)
lieb delal (L1)
Liebe evin *f*
lieben hez kırın (...bıke) (jê) /tr. (L6)
Lied stran *f*, k'ılam *f* (L19)
liegen rak'etın (ra...k'eve) /intr. (L8)
Linie rêz *f* (L19)
link/s çep (L7), **nach** ~ destê çepê, mılê çepê (L7), **~e Seite** aliyê çepê (L7)
Lippen lêv *m* (L11)
Loch qul *f* (L19)
locker sıst (L11)
Löffel k'efçi *f* (L9)
los! *(Partikel zur Verstärkung des Imperativ)* k'a (L4), qe, qey (L20)
löschen vemırandın (ve...mırine) /tr. (L20)
loslassen berdan (ber...de) /tr. (L10)
Lösung çare *f* (L15), **finde eine ~** awaki çêbıke (L20)
Löwe şêr *m* (L4)
Luft hewa *m* (L4), *(Atem)* nefes *f*
Lumpen kevnık *f* (L20)
Lunge pışık *f*, fişık *f* (L11)
Lust (haben) dılê (k'esi) hebûn (...hebe) /intr. (L10)

M
machen kırın (bıke) /tr. (L3), *(herstellen)* çêkırın (çê...ke) /tr.
Mädchen keçık *f*, qizık *f* (L2)
Magen mi'de *m* (L11)
mager zırav (L4), lawaz (L4), reqele

(L4), *(ausgemergelt)* jar (L15)
Mal Gulan *f* (L10)
Mal car *f* (L6)
man mırov *m* (L9), **~ weiß nichts davon** haya k'esi jê tune (L18)
manchmal cama (L3), carcaran (L18)
Mann mêr *m*, mêrık *m* (L1), zılam /obl. zılêm (L1/L11), peya *m* (L20), **junger** ~ xort *m* (L13)
männlich nêr (L2/17)
Männlichkeit mêriti *f* (L17), mêrani *f* (L20)
Mantel manto *m*, p'alto *m*, qapût *m* (L20)
Markt *(Wochen~)* bazar *f* (L3), *(Geschäftsviertel)* sûk *f* (L3)
Marsch meş *f*
marschieren meşin (bımeşe) /intr. (L14), **~ lassen** meşandın (bımeşine) /tr. (L14)
März Adar *f* (L10)
Matsch herri *f* (L15)
Medikament 'ilac *f*, derman *m* (L15)
Meer derya *f* (L10)
mehr zêde (L11)
Mehrheit p'irani (r=rr) (L19), p'ırini *f* (r=rr) (L20)
Mehrzahl p'ırani (r=rr) (L19)
meinen fıkırin (bıfıkıre) (pê) /intr. (L6), bawer kırın (... bıke) /tr. (L4)
Meister hoste *m* (L11)
Menge lod *f*
Mensch mırov *m*, menıv *m* (L9), **guter** ~ camêr *m* (L20)
Menschheit mırovati *f* (L20)
messen pivan (bıpive) /tr. (L11)
Messer k'êr *f* (L9)
Miete k'ırê *f* (L2), **°~n** k'ırê kırın (...

bıke) /tr. (L11)

Milch şir *m* (L6)

Militärpolizist cenderme *m* (L12)

Millionär/-in milyoner *m+f* (L11)

Milz fatareşk *m*, pil *m*

Minibushaltestelle ciyê minibûsan (L16)

Minute deqiqe *f** (L7)

mit *(instrumental)* bı (L5), *(Beglei-tung)* bı ... re, dıgel (L5), t'ev, t'evi (L20), **~einander** bı hevra (bı hev re) (L4)

Mitbürger hemwelati *m+f (Neol.) f* (L19)

Mitglied endam *m+f (Neol.)* (L12)

mitnehmen bırın (bıbe) /tr. (L8)

Mittag nivro, niro (L8), °**~s** nivro, niro (L8), **~essen** firavin *f* (L8)

Mitte niv *m* (L7), orta *f* (L18)

Mittwoch çarşem *f* (L6)

Möbel mobılye *f* (L7)

modern modern, nûjen *(Neol.)* (L5)

mögen hez kırın (...bıke) (jê) /tr. (L6)

Möglichkeit imk'an *f* (L18)

Moment dem *f* (L13/L20)

Monat meh *f* (L7), **in diesem ~** vê mehê, **letzten ~** meha bori/çûyi, **näch-sten ~** meha ku bê (L18)

Montag duşem *f* (L6)

morden kuştın (bıkuje) /tr.

Mörder mêrkuj *m*

morgen sıbê (L18)

Morgen sıbe, sıbeh *f* (L8), beyani *f*, **guten ~** beyani baş

Motor motor *f* (L14)

müde westiya, betıli, **~werden** westiy-an (bıweste) /intr. (L8), betılin (bıbetıle) /intr. **~ machen** westandın

(bıwestine) /tr. (L15), betılandın (bıbetıline) /tr.

Mühle aş *m* /obl. êş (L14)

Mund dev *m* (L11)

Mut mêrani *f* (L20)

mutig gernas *m* (L19)

Mutter dê *f* (L2), dayik *f*

Muttersprache zımanê zıkmaki *(Neol.)* (L18)

N

nach pışti (L7), *(gemäß) (von türk. göre)* gora, (lı) gor (L15), **nach und ~** her ku dıçû (L20)

Nachbar cinar *m+f*, ciran *m+f* (L14)

Nachricht nûçe *f (Neol.)* (L16), xeber *f*, hay *f* (L18)

Nacht şev *f* (L3), **heute ~** işev (L20), °**~s** bı şev (L18)

Nacken stû *m*, hısti *m* (L11)

nahe nêzik, nêz (L7), **~ von hier** nêziki vıra (L7)

nähen dırûtın (bıdrû) /tr. (L13)

Name nav *m* (L2)

Nase bêvıl *m*, poz *m* (L11), **~ voll ha-ben** k'erıxin (bık'erıxe) /intr. (L17)

Nation mılet *m* (L19)

natürlich belê (L1), helbet (ji) (L10)

neben cem (L7)

Neffe *(Bruderkind)* brazi *m* (L15), *(Schwesterkind)* xwarzi *m* (L15)

nehmen standın (bıstine) /tr., gırtın (bıgre) /tr., rahıştın (ra...hêje) /tr. *(Obj. nachgestellt)* (L3)

nein na (L1)

neu nuh, nû (L3/L4), t'eze (L4)

Neugier meraq *f* (L16)

neugierig bı meraq (L16)

Neuigkeit nûçe *f (Neol.)* (L16)

neun neh

neunzehn nozdeh

neunzig nod

nicht ne (L1), ~**s** tu tışt, ~ **mehr** nema, hew *(Verb positiv)* (L4), ~ **doch** nexwe, nexu (L10), ~**wahr?** nc ûsa ye? ne wılo ye? (L8)

Nichte *(Bruderkind)* brazi *f* (L15), *(Schwesterkind)* xwarzi *f* (L15)

nie t'ucara, t'ucaran (L4), hiç (L16), *(Verneinungsvorsilbe)* t'u-, t'û-

niederbrennen şewıtandın (bışewıti-ne) /intr. (L14)

niederlassen *(sich)* ci/ cıh gırtın (...bıgre) /tr. (L10)

niedrig nızm (L4)

niemals hiç (L16), t'ucara, t'ucaran (L4)

niemand k'es *m (+ Verneinung)*

Niere gurçık *m* (L11)

noch hin, hê (L2), ~ **etwas** weki dın (L4)

Norden bakûr *m* (L10)

Not bêçareyi *f*

nötig hewce, lazım, peywist (L6), gerek (L9)

notwendig hewce, lazım, peywist (L6), gerek (L9), °~**keit** hewcedari *f* (L4)

November Çıriya Paşin (L10)

nun nıha (L3)

nunmehr êdi (L4)

nur t'enê (L3)

Nylon naylon/ laylon *f* (L9)

O

o! *(poetische Anrede)* ey (L19)

ob k'a (L6), ~... **oder...** ha... ha... (L10)

oben jor, jori *m* (L7)

obere/-r/-s jorin (L9)

Obergefreiter çewış *m* (L14)

Oberschenkel rahn/ ruhn *f*, qora qalınd (L11)

Oberseite ser, seri *m* (L7), rû *m*

obgleich herçend (ji) *(+ Ind.)* (L10)

Obst fêki *(Koll.)* (L6), mêwe *m*

obwohl herçend (ji) *(+ Ind.)* (L10)

Ochse ga *m* (L6)

oder an (ji), yan (ji) (L2)

Ofen sobe *m* (L20)

offensichtlich xuya(ni), eşk'ere (L18)

offiziell resmi (L15)

öffnen vekırın (ve...ke) /tr. (L4), **sich** ~ vebûn (ve...be) /intr. (L20)

oft p'ır (r=rr) (18)

ohne bê- (L3), ~ **daß** bêi ku *(+ Konj./Ind.)* (L10)

Ohr guh *m* (L11), ~**feige** şeqam *f* (L18)

Oktober Çıriya Pêşin (L10)

Öl rûn *m* (L6), *(Lampen~)* don *m* (L20)

Oliven zeytûn *f* (L9)

Omelette hêkerûn *m* (L17)

Onkel *(Vaterbruder)* ap *m* (L17), *(Mutterbruder)* xal *m* (L15)

Operation 'ameliyat *f* (L13)

operieren 'ameliyat kırın (...bıke) /tr. (L13)

Opfer qurban *f* (L17)

Orange p'ort'eqal *f* (L6), °~ narınci

Ordnung sazûman *f*, rıst *f* (L19)

Organisation rêxıstın *f (Neol.)* (L14)

Orient rojhılat *m* (L10), ~**alistik** ro-jhılatnasi *f* (L16)

Ort ci *m*, cıh *m* (L6), ~, **an dem** ... ciyê /cıhê ... (L6)

Ort der *f*, dever *f* (L19)
Osten rojhılat *m* (L10)
Ozean derya *f* (L10)

P
Paar cot *f* (L5)
Päckchen p'akêt *f* (L9)
Paket p'akêt *f* (L9)
Papier k'axız, k'axıd *f*
Paprika isot *f* (L6)
Parlament meclis *f*, **~arier/in** p'arla-
ment'er *m+f*
Partei p'arti *f* (L12)
passieren hatın serê k'esi, (bê, were)
/intr. (L13)
Pate *(bei der Beschneidung)* k'ıriv *m*
(L20), **~nschaft** k'ırivati *f* (L20)
Patronengurt rext *m* (L16)
Penis kir *m*, *(bei kleinen Jungen)* hêlık
m
Perle dur *m* (r=rr) (L19), *(Glas~)* mori
m
Person k'es *m* (L9)
Petroleum don *m* (L20)
Pfeil tir *f* (L19)
Pferd hesp *m* /obl. hêsp (L14)
Pflaume alûçe *f*, herûg *f* (L6)
Pforte deri *m* /obl. dêri (L4)
Pilot p'ilot *m* (L17)
Plakat afiş *f* (L19)
Plan p'lan *f* (L10)
Plastik lastik *f* (L5), naylon/ laylon *f*
(L9)
platt pehn (L4)
Platz meydan *f* (L14)
platzen teqiyan (bıteqe) /intr.
plötzlich jı nışkê ve (L15)

plündern t'alan kırın (...bıke) /tr. (L14)
politisch siyasi (L14)
Polizei p'olis *m+f* (L2), **~revier** qere-
qol *f* (L14)
Polizist/-in p'olis *m+f* (L2)
Problem pırsıyar *f* (L19), mesele *f*
(L10), **es ist kein ~** mesele nine (L10)
Pullover fanêle, fanêre *m* (L5)

Q
Qualm dû *f* (L11)
Quelle kani *f* (L1)

R
Rad teker *f*, *(Getriebe~)* çerx *f* (L14)
rasch bı lez (L15/L18)
rasch zû (L8)
Rasen çimen *m* (L15)
Rauch dû *f* (L11)
Raum ç'avi *f*, mezel *f*, ode *f* (L2)
Rauschen xuşin *f* (L20)
rechnen h'esıbandın (bıh'esıbine) /tr.
(L19)
Recht heq *m*, maf *m (Neol.)* (L18)
recht/s rast, **nach ~** destê rastê, mılê
rastê (L7), **~e Seite** aliyê rastê (L7)
Rechtsanwalt abûkat *m+f* (L9)
Rede gotar *f*, xeberdan *f*, qal *f* (L20)
Regal refik *m* (L7)
Regen baran *f* (L2)
regnen (baran) barin (bıbare) /intr., **es
regnet:** baran dıbare
reich dewlemend (L7), zengûn, maldar
(L20), **~er** dewlementır, (< dewle-
mendtır) (L17)
reichen [2] t'êr kırın (... bıke) /tr.; **das
reicht:** bes e (L5)
reichen[1] *(jemandem etwas)* dırêj(i) ...

kırın (... bıke) /tr. (L16)
Reifen teker *f*
Reihe dor *f* (L9)
Reis birinc *f*, gırar *f* (L19), **roher** ~ gırara kelê (L19)
reißen qetiyan (bıqete) /intr., çırin (bıçıre) /intr.
Religion din *m*, ol *f* (L14), °~**slos** *(Schimpfwort)* bêdin (L17)
religiös dindar (L18)
rennen bezin, beziyan (bıbeze) /intr. (L14), ~ **lassen** bezandın (bıbezine) /tr. (L15)
Reparateur t'amirçi *m* (L15)
reparieren t'amir kırın (...bıke) /tr. (L15)
Rettung xelasi *f* (L20)
richtig rast (L7)
Richtung ali *m*, rex *m* (L7)
rinnen herıkin (bıherıke) /intr. (L20)
Roggen ç'evder *m* /obl. ç'evdêr (L6)
Rohr bori *f* (L15)
Römer Romi (L12)
Röntgen filim, film *f* (L11)
rosa p'embehi (L5)
Rosenverkäufer/-in gulfıroş *m+f* (L20)
Rost jeng, zeng *f* (L19)
rösten braştın (bıbrêje) /tr. (L9)
rosten jeng/ zeng gırtın (...bıgre) /tr. (L19)
rot sor (L5)
Rücken pışt *f* (L7)
Ruder bêr, bênk *f*
rufen ban/ gazi kırın (... bıke) /tr. (L5), *(jemandem zurufen)* deng lê kırın (...bıke) (L16)
ruhig bêdeng, aş (L20)

rund gılover, gırover (L4)
rutschen şemıtin (bışemıte) /intr. (L15), xıj bûn (...bıbe) /intr.

S
Sache tışt *m* (L5), *(Verfahren)* doz *f* *(Neol.)*
sagen gotın (bıbêje) /tr. (L6)
Salz xwê *f* (L9)
sammeln k'om kırın (... bıke) /tr. (L9)
Samstag şem *f* (L6)
Sänger/-in dengbêj *m+f* (L20)
satt t'êr (L20)
Sattel zin *m* (L16)
satteln zin kırın (...bıke) /tr. (L16)
Satz cımle *f*, hevok *f (Neol.)* (L10)
sauber paqıj (L3), ~ **machen** paqıj kırın (...bıke) /tr. (L3)
Schade! heyf!, mıxabın *(Neol.)* (L9)
Schaden zıyan *f* (L19)
Schaf mıh, mi *f* (L6)
Schäfer şıvan/ obl.şıvên *m* (L13)
Schafherde keriyê pez *m*/obl. pêz (L14), ~**nbesitzer** xwedipez (L17)
Scham fehêt *f*, şerm *f* (L19)
schämen *(sich)* fêdi kırın (..bıke) /tr.
Schande rûreşi *f* (L19)
schauen mêze kırın (... bıke) (lê) /tr., nêrin (bınêre) (lê) /tr., nıhêrin (bınıhêre) (lê) /tr. (L8)
Schaufel bêr, bênk *f*
Schaukel hêlkan *f* (L20), ~**n** h'ejiyan (bıh'eje) /intr.
Schein şewq *f* (L20)
schenken diyar(i) (k'esi) kırın (...bıke) /tr. (L11)
schicken şandın (bışine) /tr. (L6)
Schienbein paq *f* (L11)

schließen teqandın (bıteqine) /tr.

Schlaf xew *f* (L8)

schlafen razan (ra...zê) /intr. (L8), rak'etın (ra...k'eve) /intr. (L8), ~**legen** *(z.B. Kind)* razandın (ra...zine) /tr. (L14)

Schlag derb *f* (L15)

schlagen lê xıstın (lê...xe, *Präs.:* lê dıxe) (L9), lêdan (lê...de) /tr. (L14)

Schlagloch qurtık *f*

Schlamm herri *f* (L15)

schlecht p'is (L9), xırab (L11), *(Lebensmittel)* geni, genû (L19)

schlicht sade (L19)

schließen *(Tür)* gırtın (bıgre) /tr. (L8), **ab~** k'ılit kırın (... bıke) /tr., dadan (da...de) /tr. (L20)

schließlich şûnda (L8), dı dawiyê de

schlimm xırab (L11)

Schloß k'ılit *f*

schluchzen kırın isk'in (... bıke) /tr. (L20), ~**d** bı k'elegıri (L18)

Schlüssel mıfte *f*, k'ılit *f*

schmal teng (L11)

schmelzen h'eliyan (bıh'ele) /intr. (L14), h'elandın (bıh'ejine) /tr. (L14)

Schmerz êş *f* (L11)

schmerzen êşin (bıêşe) /intr. (L11)

Schmied h'esınker *m* (L20)

schmutzig gemar, qılêr, p'is (L9), qerêj/ qırêj (L19), ~ **werden** lewıtin (bılewıte) /intr. (L15)

Schnee berf *f* (L14)

schneien (berf) dahatın (da...were) /intr., barin (bıbare) /intr. (L14), **es schneit:** berf datê

schnell zû (L8), bı lez (L15/L18), **sehr** ~ zû zû (L18)

Schnur weris *m*

Schnurrbart sımêl *m* (L20)

schön xweş, xweşık (L5), spehi (L20)

Schönheit spehiti *f* (L20)

Schoß hembêz *f* (L17)

Schrank dolab *f** (L7)

Schrei qêrin *f* (L19)

schreiben nıvisandın (bınıvısine) /tr. (L3), nıvisin (nosin) (bınıvise) /tr.! (L3/L19)

Schreibstube nıvıştxan (L19)

schreien qiriyan (bıqire) /intr. (L20)

Schrift nıvis *f*, nıvışt *f* (L19)

Schritt gav *f* (L20)

Schublade ç'a'v, ç'av *m*, berk'êşk *f (Neol.)* (L9)

Schuh sol *f* (L5)

Schuld sûc *m*, °~**ig** sûcdar, bınbar *(Neol.)*

Schulden deyn *f*, ~ **machen** deyn kırın (...bıke) /tr., deyndar bûn (...bıbe) /intr., k'etın bın deynan (bık'eve) /intr.

Schule dıbıstan *f (nur teilweise etabliert)* (L3), mek't'eb *f (arab.)* (L3)

Schüler/-in xwendevan *m+f* (L1), şagırt *m+f* (L19)

Schulklasse sınıf *f* (L9)

Schulter mıl *m* (L11)

schütteln h'ejandın (bıh'ejine) /tr. (L20), weşandın (bıweşine) /tr. (L14)

Schwager *(Mann der Schwester)* zava *f*, *(Bruder des Ehepartners)* t'i *m*, *(Schwipp~)* hevelınk *m*

Schwägerin *(Frau des Bruders)* bûk *f*, *(Schwester des Ehepartners)* gorım *f*, *(Schwipp~)* cawi *f*

Schwan qû *m*

schwarz reş (L5), ~**haarig** p'orreş

(L16)
Schwede, Schwedin swêdi (L3)
Schweden Swêd *f* (L3)
schwedisch swêdi (L3)
Schwein beraz *m* /obl.berêz (L6), xın-
zır *m (arab.)*
Schweiß xwêdan *f* (L19)
schwer gıran (L11)
Schwester xwişk, xweh *f* (L2)
Schwiegermutter xesû *f*
Schwiegersohn zava *f*
Schwiegervater xezûr *m*
schwierig zor, dıjwar
schwimmen ajne/ avjne kırın (...bıke)
/tr., sobayi kırın (...bıke) /tr. (L10)
schwindelig werden gêj bûn (...bıbe)
/tr. (L11)
schwitzen xwêdan (... bıde) /tr. (L19)
schwören sond xwarın (bıxwe) /tr.
Schwur sond *f*
sechs şeş
sechzehn şanzdeh
sechzig şêst
See gol *f* (L15)
sehen dıtın (bıbine) /tr. (L3)
Sehnsucht bêri *f* (L7), ~ **haben** bêriya
(k'esi/tışti) kırın, (... bıke) /tr. (L7)
sehr p'ır (r=rr), zehf (L5)
Seil weris *m*
sein bûn (be) /intr. (L11)
seit jı ... vırde (L7)
Seite ali *m*, rex *m* (L7), k'êlek (L13),
(Buch~) rûp'el *f*
Sekunde saniye *f* (L13)
selbst xwe (L8), bı xwe (L9)
selten kêm (L18), hındık
senden şandın (bışine) /tr. (L6)
September ılon *f* (L10)

setzen danin (*Imp.* dayne/deyne, *Präs.*
datine) /tr. (L9), **sich** ~ rûnıştın (rû...ne)
/intr.
sichtbar xuya(ni) (L18), ~ **sein/wer-
den** xuya kırın (... bıke) /tr., xuya bûn
(... bıbe) /intr.
sie (Sg.), **sie** (3.Pers.Pl.) ew (L1)
sieben h'eft
siebzehn hıvdeh
siebzig h'eftê
sieden k'eliyan (bık'ele) /intr. (L9)
siegen serk'etın (ser...k'eve) /intr.
(L19)
sieh da! va ye (L3), wa ye (L16)
Silber ziv *m* (L14), °~n zivin
singen k'ılaman gotın (... bıbêje)
(L19), strandın (bıstrine) /tr.
Sinn bir *f* (L13), hış *m* (L16), **in den** ~
kommen hatın bira (k'esi) (bê/were...)
/intr. (L10)
Situation h'al *m*, rewş *f* (L14)
sitzen rûnıştın (rû...ne) /intr. (L8)
Sklave xulam *m+f* (L14)
so ûsa, wer, wılo, weng (L4), wisa,
wisan (L20), *(wie folgt)* weha, wıha
(L17), ~ **früh/schnell wie möglich** ga-
vek pêşda (L10)
sobald çawa (ku)
Socke gore *f* (L5)
sofort hema (L18)
sogar jı xwe (L4)
Sohn kur, lawık *m* (L2)
Soldat 'esker *m* (L12), leşk'er *m* (L14)
Sommer havin *f* (L5), ~lich havini (L5)
Sommerweide bêr *m*, *(Bergwiese)* zozan *f* (L14)
sondern lê belê (L4)
Sonne roj *f* (L3), tav *f* (L14), ~nbrille

berç'avkê tavê (L18)

Sonntag yekşem *f* (L6)

sonst weki dın (L4)

Sorge xem *f*, derd *m*, *(Beunruhigung)* tatêl *f* (L15), meraq *f* (L16)

sorgen *(für)* mêze kırın (... bıke) (lê) /tr., nêrin (bınêre) (lê) /tr., nıhêrin (bınıhêre) (lê) /tr. (L8), **sich ~** meraq kırın (... bıke) /tr.

soviel evqas, ewqas (L4)

sowie *(als Konjunktion)* herweki *(+ Ind.)* (L10)

sowohl ... als auch hem ... hem ji (L5), hım... hım (L15)

Spanien İspaniya *f* (L3)

Spanier/-in, spanisch ispani (L3)

sparen (p'ere) k'om kırın (... bıke) /tr. (L9)

Spaß k'êf *f* (L16), **das macht mir ~** k'êfa mın jê re tê

spät dereng (L18)

später paşê (L8/L11)

spazierenführen gerandın (bıgerine) /tr. (r=rr) (L14)

spazierengehen geriyan (bıgere) /intr. (r=rr) (L3), çûn gerê (bıçe/here ...) /intr.

spielen listın (bılize, bıleyize) /tr. (L8)

Spielzeug listık *f* (L15)

Spieß şiş *m* (L20)

spinnen rıstın (bırêse) /tr. (L19)

Sprache zıman *m* /obl. zımên (L6), zar *m* (L19)

sprechen *(Batman)* mıjûl bûn (... bıbe) /intr., *(Elâzığ)* qezi/qıse kırın (... bıke) /tr., *(Maraş/Sivas)* deyn kırın (... bıke) /tr., *(Mardin)* şıtexılin (bıştexıle) /intr., *(Urfa)* şore kırın (... bıke) /tr., axıftın (baxeve) /tr. peyvin, peyviyan

(bıpeyve) /intr., xeber dan (xeber bıde) /tr. (L9)

Spüle destşo *f* (L9)

Staat dewlet *f** (L7)

Staatsbürger hemwelati *(Neol.)* *f* (L19)

Stadt bajar *m*/obl. bajêr (L1), **~bewohner** bajari (L5), **~teil** tax *f* (L19)

städtisch bajari (L5)

Stand ciyê/ cıhê ... (L6)

ständig hergav (L4)

stark xurt (L15)

Statur bejn *f* (L19)

stechen *(Insekt)* vedan (ve...de) (pê) /tr. (L20)

stecken xıstın (bıxe) /tr. (L20)

stehen(-bleiben) sek'ınin (bısek'ıne) /intr. (L8), rawestan (ra...weste) /intr. (L20)

stehlen dızin (bıdıze) /tr. (L12)

steif rep (L20)

Stein kevır *m* (L20)

Stelle ci, cıh *m*, şûn *f* (L8)

stellen danin *(Imp.* dayne/deyne, *Präs.* datine) /tr. (L9)

sterben mırın (bımıre/bımre) /intr. (L9), can dan (... bıde) /tr. (L20)

Steuer *(finanz.)* bac *f* (L18), *(~rad)* direksiyon *f*

steuern ajotın (bajo) /tr. (L11)

Stier canege *m*, cıwange *m* (L6)

Stift qelem *f*, pênûs *f (Neol.)*

still bêdeng, aş (L20)

Stille bêdengi *f*

Stimme deng *m*, **die ~ brach ab** deng hat bırin, (r=rr) (L20)

Stirn eni, heni *f* (L11)

Stockwerk qat *f** (L7)

stolz serbılınd, °~ serbılındi *f*
Straße k'olan *f*, k'ûçe *f*, rê *f* (L2)
Streit p'evçûn *f* (< bı hev çûn) (L17)
Streit şer *m* (L17)
streiten bı hev çûn (...bıçe) /intr. (L17),
şer kırın (... bıke) /tr.
streuen reşandın (bıreşine) /tr. (L20),
weşandın (bıweşine) /tr. (L14)
Stroh ka *f* (L20)
Strumpf gore *f* (L5)
Stück *(Zählwort)* h'eb *f* (L4)
Stück p'erçe *f* (L13), qutık (L20)
Student/-in xwendevan *m+f* (L1)
studieren xwendın (bıxwine) /tr. (L3),
~t xwenda/ xwende/ xwendi (L16), ro-
nakbir *(Neol.)* (L18)
Stufe pêlık *f*
Stuhl k'ursi *f** (L7)
stumm lal (L20)
Stunde sa'et *f* (L7)
Sturm bahoz *f* (L15)
suchen lê geriyan (lê bigere) /intr. (L3)
Süden başûr *m* (L10)

T
Tablett t'epsık, sıni *f* (L9)
Tag roj *f* (L4), **Guten** ~! rojbaş (L2),
jeden ~ her roj, her(r)o (L7), ~**elohn**
rojani, **von** ~**zu** ~ roj bı roj (L11), **von**
jenem ~**an** jı wê rojê û bı şûn va (L15),
~**und Nacht** şev û roj (L3)
täglich rojani, roj bı roj (L11)
Tal newal *f* (L15), deşt *m* (L16)
Tante *(Mutterschwester)* xalti *f*, *(Va-*
terschwester) met *f* (L17)
Tasche çente *m* (L7); *(Hosen-, Jacken-*
) bêrik *f* (L17)
tastend bı destpelinkê *f* (L20)

Tat kırın *f*, **in der** ~nexwe, nexu (L10)
Taube kevok *f*
tauen h'eliyan (bıh'ele) /intr. (L14), ~
lassen h'elandın (bıh'ejine) /tr. (L14)
tauschen guhartın (bıguhêre) /intr.
tausend hezar (L11)
Tee çay *f* (L4), ~**kanne** çaydan *f* (L9)
Teich gol *f* (L15)
Teil *(eines Ganzen)* p'erçe *f* (L13)
Teilnahme beşdari *f*
teilnehmen beşdar bûn (...be) /intr.
(L10)
Telefon t'elefon *f*, ~**nummer** hejmara
telefonê
telefonieren t'elefon kırın (...bıke) /tr.
(L17)
Teller t'epsık, sıni *f* (L9)
Terrasse eywan *f*, dık *f* (L20)
teuer bıha (L2)
Ticket bilêt *f* (L10)
tief k'ûr (L20)
Tisch mase *f** (L7)
Tochter keç *f*, qiz *f (türk.)* (L2)
Tomate balcanê sor *m*, fireng *m* (L6)
Topf berroş *f*, *(Henkel~)* mıqlık *f*
(L17), *(Dose)* quti *f* (L9)
Tor deri *m* /obl. dêri (L4)
tot mıri, meyt (L20)
töten kuştın (bıkuje) /tr.
tragen rakırın (ra...ke) /tr., bırın (bıbe)
/tr. (L8), guhastın (bıguhêze)
Träne hêsır, hêstır *m* (L20)
transportieren guhastın (bıguhêze)
/tr. (L11)
trauen *(sich)* wêran (bıwêre) /intr. (oft
newêre in der Verneinung) (L16)
traurig xemgin, ~**sein** lı ber xwe k'etın
(..bık'eve) /intr. (L16)

Trecker motor *f* (L14)

trennen veqetandın (ve...qetine) /tr.,

sich ~ veqetin (ve...qete) /intr.

Trense bızm *f* (L16)

Treppe derence *f*, mêrdewan *f*, sêlım *f* (L20)

trinken vexwarın (ve...xwe) /tr. (L8)

trocken zuwa, *(hart geworden)* hışk (L15)

trocknen zuwa bûn (... bıbe) /intr.

tropfen dılop kırın (... bıke) /tr., nıqutin (bınqute) /intr. (L20)

Tropfen dılop *m* (L20)

trotz dıgel (L15), ~**dem** disa ji (L4)

trüb gırık (L19)

Truthahn 'elo(-k) *m*, şami *m+f* (L6)

Tschüß! *(Gehender)* bı xatrê te! *(Bleibender)* oxır be! (L3)

tun kırın (bıke) /tr. (L3)

Tür deri *m* /obl. dêri (L4)

Türke, Türkin t'ırk (L1)

U

über ser, *(hinweg)* dı ser... re (L16)

überall herder (L11)

Übergabe t'eslim *f*

übergeben t'eslim kırın (...bıke) /tr., *(sich)* vereşin *(Imp.* vereşe, *Präs.* vedıreşe) /intr. (L11)

überhaupt *(m. Verneinung)* qet (L5), ~ **nichts** t'u tışt (L9)

übermorgen dusıbê (L18)

übersetzen wergerandın (wer...gerine) /tr. (L20), qulıbandın (bıqulıbine) /tr., *(über Fluß)* derbas kırın (...bıke) /tr.

Überzeugung bir û baweri *f*

übrigens jı xwe, nexwe, nexu (L10)

Uhr sa'et *f* (L7), **wieviel** ~ **ist es?** sa'et çend e/ çı ye?, **um wieviel** ~ dı sa'et çendan da (L8)

um (... zu) *(+ Konj.)* da ku (L9)

umarmen hembêz kırın (... bıke) /tr. (L17)

umblättern qulıbandın (bıqulıbine) /tr.

umdrehen zıvırandın (bızıvırine) /tr. (L11)

Umgebung dor *f*, der û dor *f*

umkehren zıvırin (bızıvıre) /intr. (L14)

umkippen wergerandın (wer...gerine) /tr. (L20)

umstülpen hılweşandın (hıl...weşine) /tr. (L20)

unabhängig serbıxwe, °~**keit** serxwebûn *f*

unbeweglich rep (L20)

und û; ji *(nachgestellt)* (L1)

Unfall qeze *f* (L13)

unfreiwillig bê dıl (L19), bê hemdi (L20)

ungeduldig bê sebır, ~ **werden** bıhna (k'esi) teng bûn (bıbe) /intr. (L11)

Ungeheuer cınawır *m* (L12)

ungehörig şerm *f* (L19)

ungewollt bê hemdi (L20)

unglücklich xemgin; *(unglückselig)* belengaz, reben (L11), *(wem Unheil widerfahren ist)* malşewıti (L20)

Universität zaningeh, zanıstgeh *(Neol.) f* (L3), universite *f* (L10)

unten jêr, jêri (L7)

unter bın (L7)

untergehen *(Sonne)* çûn ava (roj) (L15), *(untertauchen)* noqi bûn (...bıbe) /intr., bınav bûn (...bıbe) /intr.

Unterhemd fanêreyê bın, atlêt *m*, *(re-*

gional) kıras *m* (L5)
Unterhose derpê *m* (L5)
Unterleib ûrıkê pıçûk, hındırê qıcık (L11)
unterliegen bınk'etın (bın...k'eve) /intr. (L20)
Unteroffizier çewış *m* (L14)
Unterricht ders *f* (L8), °~en ders dan (...bıde) /tr. (L3)
Unterschied cudayi *f*, ferq *m (arab.)*
unterschiedlich cuda, cıhê
Unterstützung alik'ari *f* (L9)
unvorsichtig bêdıqet (L13)
Unwetter bahoz *f* (L15)
unwillkürlich bê hemdi (L20)
unwissend nezan
Unwissenheit nezani *f*
unzufrieden bêzar (L17)
Urlaub betlane *f* (L16), izn *f* (L17)
V
Vater bav *m* (L2), ~**schaft** bavini *f* (L20)
verändern guherandın (bıguherine) /tr. (L11)
verärgert sein (über) xeyıdin (bıxeyıde) (jê) /intr. (L17)
verarzten *(Wunde)* kewandın (bıkewine) /tr. (L13)
verbringen derbas kırın (...bıke) tr. (L8)
verbunden gırêdayi (L10)
verdammt! miratê (L20)
verdienen qezenc kırın (...bıke) /tr. (L3)
verdorben geni, genû (L19)
vereisen qeşa gırtın (bıgre) /tr.
vergehen derbas bûn (...bıbe) /intr. (L6),

vergessen jı bir kırın (... bıke) /tr. (L16)
vergleichen dan ber hev (bıde ...) /tr.
vergnügt bı kêfxweşi, bı dılxweşi (L15)
verheiraten *(jemanden)* zewıcandın (bızewıcine) /tr. (L10)
verheiratet zewıci (Betonung auf *wı*) (L2)
verkaufen fırotın (bıfroşe) /tr. (L3)
Verkäufer dık'ançi *m* (L6), fıroşkar *m+f (Neol.)*
verlassen berdan (ber...de) /tr. (L10)
verletzt bırindar (L13)
verliebt evindar
vermehren zêde kırın (... bıke) /tr. (L19)
vermissen bêriya (k'esi/tışti) kırın, (... bıke) /tr. (L7)
verrückt din
versammeln *(sich)* cıvin/ cıviyan (bıcıve) /intr. (L14), k'om bûn (L15), *(jdn.)* ~ cıvandın (bıcıvine) /tr. (L14)
verschieden cuda
verschnaufen bıhna xwe vedan (...ve...de) /tr. (L8)
verschwinden wenda bûn
verschwommen gırık (L19)
verschwunden wenda bûye, lı ortê tune ye (L18)
Versicherung sixorte *f* (L15)
Versmaß k'êş *f*, wezın *f (arab.)* (L19)
versorgen lê nıhêrin/nêrin (bınêre) /tr., lê mêze kırın (... bıke) /tr. (L8), *(Wunde)* kewandın (bıkewine) /tr. (L13)
versprechen soz dan (...bıde) /tr.
Verstand hış *m*; 'aqıl /'aql *m* (L16)
verstecken veşartın (ve...şêre) /tr. (L14)

verstehen fêm/fehm kırın (..bıke) (jê/pê) /tr., têgıhiştın (tê...gıhije) /intr. (L6)

verteilen *(sich)* belav bûn (... bıbe) /intr. (L20)

vertreiben derkırın (der...ke) /tr. (L20)

vertrocknet hışk (L15)

Verwandte mırov *m*, menıv *m* (L15)

Verwandtschaft mali *f*(L17), mırovati *f* (L20)

verweilen sek'ının (bısek'ıne) /intr. (L8), rawestan (ra...weste) /intr. (L20)

verwirrt şaş (L20), ecêbmayi

verwundert ecebmayi (L20)

verwundet bırindar (L13)

verwüsten wêran kırın (...bıke) /tr. (L14)

verzichten dev (jê) berdan (... ber...de) /tr., derdan (der...de) /tr. (L20)

verzweifelt bêçare, perişan (L15)

Verzweiflung hêrs *f*, kerb *f* (L20), bêçareyi *f*

viel p'ır (r=rr), gelek (L2), zehf (L5), zêde (L11)

Vielzahl p'ırini *f* (r=rr) (L20)

vier çar

Viertel çarêk, çarik *m* (L8)

vierzehn çardeh

vierzig çıl

Vogel çûk, çıvik *m*

Volk gel *m* (L14), mılet *m* (L19)

voll t'ıji (L7), mışt (L19), ~**machen** t'ıji kırın (... bıke) /tr., dagırtın (da...gıre) /tr. (L9)

Vollbart ri, rıh *m* (L16)

völlig t'am (L16)

von jı (L1), ~ **nun an** jı nıha ve (L10)

vor[1] *(zeitl.)* beri (L4)

vor[2] *(örtl.)* ber *f* (L7)

voranbringen pêşve bırın (... bıbe) /tr. (L19)

Vorarbeiter hoste *m* (L11)

vorbei dı ... re (L16)

vorbereiten amade kırın (... bıke) /tr. (L8)

vorgestern pêr (L18)

vorher pêşi (L6), berê (L4)

Vorschlag t'eklif *f*, pêşnihat *f* *(Neol.)* (L4)

Vorsicht *(auch als Interjektion)* diqet *f* (L13)

vortragen xwendın (bıxwine) /tr. (L3)

vorwärts pêş (L19), pêşve, ber bı pêş

W

wach şiyar, hışyar (L8)

Wadenbein qıtık *f*(L11)

Waffe ç'ek *f*(L14)

wagen wêran (bıwêre) /intr. (oft *newêre* in der Verneinung) (L16)

wählen hılbıjartın (hıl...bıjêre) /tr. (L18)

Wahrheit rasti *f*(L8)

Walze *(zum Plätten des Dachbelages)* gundor *f*(L20)

Wand diwar *m*/obl.diwêr (L7)

wandeln guhartın (bıguhêre) /tr.

Wange hınarık *f*, devri *m* (L11)

wann k'ıngê, k'engê (L4)

warm germ (L4)

warten lı benda ... bûn /intr., lı hêviya/benda ... bûn /intr. (L14), rawestan (ra...weste) /intr. (L20)

warum çıma (L3), *(selten)* çıra (L19)

was çı (L1), ~ **arbeitet er/sie** çı k'ari dıke (L3), **was für ein Problem hast**

du? çı derdê tê heye (L5)

Waschbecken destşo *f* (L9)

waschen şuştın (bışo) /tr. (L8)

Waschmaschine mak'ina cılan/ k'ıncan (L11)

Wasser av *f* (L6)

Wassermelone zebeş *m* (L6)

Weg rê *f* (L2), **sich auf den ~ machen** bı rê k'etın (bık'eve) /intr. (L10), **~führer/-in** rêber *m+f* (L20), **~kenner/-in** rêzan *m+f* (L19)

wegen jı ber (L4)

wegschaffen avêtın (bavêje) /tr., rakırın (ra...ke) /tr., hılanin (*Imp.* hıline, *Präs.* hıltine) /tr. (L20)

weiblich mê (L2/17)

weich nerm (L16)

Weide mêrg *f* (L15)

weiden *(intr.)* çêran (bıçêre) /intr. (L14), *(tr.)* çêrandın (bıçêrine) /tr. (L14)

weil jı ber ku, çımki (L4)

Weile dem *f*, çendek *m* (L18)

Wein şerab *f*, **~traube** tıri *f* (L6),

Weinen gıri *m* (L20)

weinen gırin/ gıriyan (bıgri) /intr. (L10), **zum °~ bringen** gıriyandın (bıgrine) /tr. (L14)

weinerlich bı kelegıri (L18), nivgıri (L20)

Weingarten rez *m* **~besitzer** xwedirez (L17)

Weise awa (L16)

weise rispi (L16)

weiß spi, sıpi (L5)

weit fıreh (L7)

Weizen genım *m* /obl. gênım (L6)

welche/-r/-s k'ijan (L4)

Welt dınya *f*, cihan *f* (L11), **~untergang** qiyamet *f* (L9)

wenden *(sich)* zıvırin (bızıvıre) /intr. (L14)

wenig kêm (L18)

wenn¹ *(zeitl.)* gava, wextê ku (L8), dema ku, çaxa (ku)

wenn² *(falls)* ku, heke, ger *(+ Konj.)* (L10)

wer k'i (L1)

werden bûn (bıbe) /intr. *(das Prädikatsnomen steht hinter dem Verb)* (L5/L9)

werfen avêtın (*Imp.* bavêje *Präs.:* davêje) /tr. (L15)

Wert *(materiell)* nırx *m*, *(ideell)* rûmet *f*

wertvoll bı rûmet, bı nırx, rûmetgıran (L19)

Westen rojava *m* (L10)

wichtig muhım (L11), gıring *(Neol.)*

Widerstand berxwedan *f*, **~ leisten** berxwedan (berxwe...de) /tr.

wie çer, çılo, çawa, çeng (L4), *(in Form von)* wek, weki (L4)

wieder disa (L4), jı nû ve

wiederbeleben vejandın (ve...jine) (L19)

Wiese mêrg *f*, çimen *m* (L15)

wieviel çıqas, **~ kostet** bı çıqasi ye (L4)

Wille daxwaz *f* (L19)

Wille xwestın *f*, daxwaz *f*, hemd *m*, **gegen den ~n** bê dıl (L19), bê hemdi (L20)

Wind ba *m* /obl. bê (L14)

Windhund taji *f* (L16)

Winter zıvıstan *f* (L5)

Winter- zıvıstani (L5)

wir em (L1)
wirklich 1. bı Xwedê!, Weleh! (L8), bı rasti (L8), 2. *(echt)* rastin
wischen malıştın (bımale) /tr. (L8)
wissen zanin (bızane) (pê) (neg.: nızane) /tr. (L5/L6), ~d zana (L16)
Witwe jınebi *f* (L9)
Witwer mêrebi *m* (L9)
wo lı k'u (L2), lı k'uderê (L4), ~ **denn?** k'a?, k'ani? (L9)
Woche h'efti *f* (L3), **diese** ~ vê heftiyê (L18), **letzte** ~ heftiya bori/çûyi, **nächste** ~ h'eftiya ku bê (L18), ~**nende** dawiya h'eftiyê (L3), ~**nmarkt** bazar *f* (L3)
woher jı k'u (L2), jı k'uderê (L4)
wohin k'u, k'uderê *(nachgestellt)*, bı ku de (L16)
Wohlstand avahi *f* (L3), dewlemendi *f*
Wohnblock ap'artman *m/f* (L17)
wohnen rûnıştın (rû...ne) /intr., mayin (bımine) /intr. (L3), sek'ınin (bısek'ıne) /intr. (L8)
Wohnung mal *f* (L1)
Wohnviertel tax *f* (L19)
Wolf gur *m* (L15)
Wolke ewr *m* (L15)
wollen xwestın (bıxwaze) /tr. (L5), vin/viyan (bıvê) /intr. (L9)
Wort xeber *f* (L8), *(Versprechen)* soz *f*
Wörterbuch ferheng *f* (L10)
Wunde bırin *f* (L13)
wundern *(sich)* şaş bûn (... bıbe) /intr. (L9)
Wunsch daxwaz *f* (L19), erz *f* (L20)
Würde paye *f*, °~**voll** payebılınd (L19)
Würfel zar *m* (L17)
Wurst *(Salami)* sıcûq *m* (L4)

Wut hêrs *f*, kerb *f* (L20)
wütend bı hêrs, ~ **machen** qehırandın (bıqehırine) /tr. (L14), ~ **sein** qehırin (bıqehıre) /intr.

Z

Zahl hejmar *f* (L19)
zählen hejmartın (bıhejmêre) /tr., *(rechnen)* h'esıbandın (bıh'esıbine) /tr. (L19)
Zahn dıdan *m*, dınan *m*, dıran *m* (L7)
Zehe bêçiyê lıngê, tılıha lıngê (L11)
zeigen nişan(-i k'esi) dan/ kırın (... bıde /... bıke) /tr. (L5/L16), şan(-i k'esi) dan/ kırın (... bıde/ ... bıke) /tr. (L20)
Zeit gav *f*, wext *m** (L8), ~**punkt** dem *f* (L13/L20), ~**lang** çendek *m* (L18)
Zeitschrift kovar *f (Neol.)*
Zeitung rojname *f (Neol.)* (L8)
Zement çımento *m* (L20)
Zentrum merkez *f* (L7)
zerbrechen *(intr.)* şk'estın (bışk'ê) /intr. (L15), *(tr.)* şık'andın (bış'kine) /tr. (L20)
zerreißen qetandın (bıqetine) /tr., çırandın (bıçırine) /tr.
zerschneiden jê kırın (...bıke) /tr., qetandın (bıqetine) /tr.
zerstückelt p'erçe-p'erçe (L13), p'arep'ar (L19)
zerteilt p'erçe-p'erçe (L13), p'arep'ar (L19)
Zicklein kar, karık *f* (L6)
Ziege bızın *f* (L6)
ziehen *(intr.)* k'ışyan (bık'ışe) /intr. (L15), *(tr.)* k'ışandın (bık'şine) /tr. (L11)
Ziffer hejmar *f* (L19)

Zigarette cıgare, cıxare *f* (L20)
Zimmer ç'avi *f*, mezel *f*, ode *f* (L2)
zittern lerızin (bılerıze) /intr. (L15)
Zucker şekır *m* (L9)
Zuckerdose şekırdank *f* (L9)
zudrehen *(Wasserhahn)* qut kırın
(...bıke) /tı.
zudrücken guvaştın (bıguvêşe) /tr.
(L11)
zuerst pêşi (L6), berê (L4)
zufrieden razi (L4)
Zug trên *f* (L10), *(aus der Zigarette)*
hulm *m* (L20)
Zügel desk'êş *f* (L16)
Zuhörer/-in guhdar *m+f* (L20)
zunehmend her ku dıçe/dıçû (L20)
zurechtkommen *(finanziell)* idare
kırın (...bıke) /tr. (L11)
zurückkehren vegeriyan (vegere)
/intr., zıvırin (bızıvıre) /intr. (L6)
zurücklassen hiştın (bıhêle) /tr. (L11)
zurufen deng lê kırın (...bıke) (L16),
gazi kırın (...bıke) /tr.
zusammen bı hevra (bı hev re) (L4),
t'ev, t'evi (L20)
zusammenbrechen   hılweşiyan
(hıl...weşe) /intr. (L20)
zusammenfügen dan hev (bıde hev)
/tr. (L13)
zusammenkommen k'om bûn (L15)
zusammentreffen (zufällig) rastê hev
hatın (...bê/were) /intr. (L11)
Zustand h'al *m* (L17)
zustimmen qebûl kırın (... bıke) /tr.;
pejırandın (bıpejırine) /tr. (L15)
zwanzig bist
zwei du, dıdu, ~**mal** du caran (L18)
Zweig dar *f* (L20)

Zwiebel pivaz *f* (L6)
zwischen dı nav... da (L7)
zwölf dıwanzdeh